Klaus Teschner

Seid getrost, ich bin's

Sieben Bibelarbeiten aus dem Matthäusevangelium

Ökumenische Bibelwoche 2016/2017
Der Gemeinde zur Bibelwoche

W0236781

neukirchener
aussaat

Der Autor:
Klaus Teschner, Pfarrer, Landeskirchenrat i.R., Kaarst

Zur Bibelwoche 2016/2017
Herausgegeben von der Arbeitsgemeinschaft Missionarische Dienste in der Evangelischen Kirche in Deutschland
in Zusammenarbeit mit der Deutschen Bibelgesellschaft
und dem Katholischen Bibelwerk

Dieses Buch wurde auf FSC®-zertifiziertem Papier gedruckt. FSC (Forest Stewardship Council®) ist eine nichtstaatliche, gemeinnützige Organisation, die sich für eine ökologische und sozialverantwortliche Nutzung der Wälder unserer Erde einsetzt.

Bibliografische Information der Deutschen Nationalbibliothek

Die Deutsche Nationalbibliothek verzeichnet diese Publikation in der Deutschen Nationalbibliografie; detaillierte bibliografische Daten sind im Internet über http://dnb.d-nb.de abrufbar.

Umschlaggestaltung: Grafikbüro Sonnhüter, www.sonnhueter.com, unter Verwendung eines Bildes von © Jörgen Habedank, Tombeck
Satz und Druckvorlage: Breklumer Print-Service, Breklum
Verwendete Schrift: Times New Roman
Druck: Werbedruck GmbH Horst Schreckhase, Spangenberg
Printed in Germany
ISBN 978–3–7615–6321–2

www.neukirchener-verlage.de

Inhalt

I
Aus dem Dunkel der Völker
ins Licht des wahren Königs

(Mt 2,1–12)

Die Weisen aus dem Morgenland

1   Als Jesus geboren war in Bethlehem in Judäa zur Zeit des Königs Herodes, siehe, da kamen Weise aus dem Morgenland nach Jerusalem und sprachen:
2   Wo ist der neugeborene König der Juden? Wir haben seinen Stern gesehen im Morgenland und sind gekommen, ihn anzubeten.
3   Als das der König Herodes hörte, erschrak er und mit ihm ganz Jerusalem,
4   und er ließ zusammenkommen alle Hohenpriester und Schriftgelehrten des Volkes und erforschte von ihnen, wo der Christus geboren werden sollte.
5   Und sie sagten ihm: In Bethlehem in Judäa; denn so steht geschrieben durch den Propheten (Micha 5,1):
6   »Und du, Bethlehem im jüdischen Lande, bist keineswegs die kleinste unter den Städten in Juda; denn aus dir wird kommen der Fürst, der mein Volk Israel weiden soll.«
7   Da rief Herodes die Weisen heimlich zu sich und erkundete genau von ihnen, wann der Stern erschienen wäre,
8   nd schickte sie nach Bethlehem und sprach: Zieht hin und forscht fleißig nach dem Kindlein; und wenn ihr's findet, so sagt mir's wieder, dass auch ich komme und es anbete.
9   Als sie nun den König gehört hatten, zogen sie hin. Und siehe, der Stern, den sie im Morgenland gesehen hatten, ging vor ihnen her, bis er über dem Ort stand, wo das Kindlein war.
10   Als sie den Stern sahen, wurden sie hocherfreut
11   und gingen in das Haus und fanden das Kindlein mit Maria, seiner Mutter, und fielen nieder und beteten es an und taten ihre Schätze auf und schenkten ihm Gold, Weihrauch und Myrrhe.
12   Und Gott befahl ihnen im Traum, nicht wieder zu Herodes zurückzukehren; und sie zogen auf einem anderen Weg wieder in ihr Land.

Kaum ist die „Geburtsanzeige Jesu" angekündigt und verkündet, da kommen sie auch schon, von weither, um anzubeten und zu gratulieren. Während der Evangelist jedoch Jesus durch einen Stammbaum in die Heilsgeschichte Israels einbauen kann und will – von Abraham über David zur babylonischen Gefangenschaft und darüber hinaus (Mt 1,17) –, muss er bei den Weisen aus dem Land, wo die Sonne aufgeht, fast alles im Dunkeln lassen: Wo kommen diese Fernreisenden her, aus Persien oder Armenien oder gar Indien? Was ist ihr Beruf? Können sie sich eine solche Wallfahrt oder Studienreise zeitlich und finanziell eigentlich erlauben? Sie sind wahrscheinlich an einem Königshof als Wissenschaftler für Himmelskunde angestellt und kommen „im Auftrag"; sie beten das Jesuskind auch stellvertretend für andere aus ihrem Volk und Land an. Der Evangelist Matthäus stellt sie jedenfalls nicht in die Ecke der betrügerischen Wahrsager und Zauberer.

Es gab nämlich damals angestellte Astrologen an den Königshöfen, die jahrhundertelang Listen über wiederkehrende Himmelsphänomene führten und daraus Vorhersagen erschlossen. Die Übergänge zwischen Philosophen, Wissenschaftlern und Himmelskundigen waren hier fließend. So konnte der griechische Philosoph Thales von Milet (624–547) z.B. eine Sonnenfinsternis zur Zeit des Krieges zwischen Persern und Lydiern vorhersagen, und zwar auf den Tag genau: 28. Mai 585: Beide Parteien ließen daraufhin die Waffen fallen, als die Sonnenfinsternis eintrat, denn deutlicher gegen den Krieg kann der Himmel wohl nicht sprechen.

Aus diesem Ambiente kamen die Weisen aus dem Morgenland, getrieben von Neugier, religiöser Sehnsucht und einer gewissen Hoffnung für die Welt. Aber woher hatten sie ihre religiösen Vorstellungen? Kursierten im Alten Orient Weissagungen, die die Hoffnung für die Welt mit einer Erwartung an das Königtum in Israel verbanden? Oder gerade nicht – weil den aufgeklärten Römern im Westen die Orakel aus dem Osten zweifelhaft erschienen? In welche Richtung tendierten die Weisen? Auch das bleibt im Dunkeln. Ins Helle tritt jedoch ihre Zähigkeit beim Suchen, Nachfragen und Nachhaken. Zwar bleibt das Ergebnis zunächst offen, aber nach der Anbetung gehen sie doch einen anderen Weg. Sie lassen sich von Herodes nicht mehr hin und her kommandieren.

Es gibt wohl drei Wege, sich mit unserer Geschichte zu beschäftigen:

1.   Man kann die dunklen Stellen dieser Geschichte farbig ausmalen und bebildern, den Weisen z.B. Gewänder umlegen, die die Pracht des Ostens, ja sogar des Fernen Ostens widerspiegeln. Man kann um ihre Nationalitäten und Namen herumdichten, aber ob die Geschichte dadurch farbiger und spannender wird, muss offenbleiben. Gerade die offenen und dunklen Stellen bei Matthäus regen die Phantasie und Neugier an, wie alle weihnachtlichen Krippenspiele heute zeigen. Diese bestehen allerdings aus einer Mischung von Lukas- und Matthäusevangelium.

2.   Man kann auch durch scharfe historische Kritik die ganze Geschichte auflösen: Welch fantastische Vorstellung – ein Stern, der punktgenau als Navigator auf ein Haus zusteuert. Aus welchem Gesichtswinkel können Geburtshaus und Stern eigentlich auf einer Linie liegen? Da gibt es Schätze von ungeheurem Wert, die hinterher in der Geschichte der Familie Jesu nie mehr auftauchen, obwohl sie Jesus und seiner Familie in manchem Engpass aus der Patsche hätten helfen können. Schließlich kommt es zu einer einmaligen Anbetung, von deren Konsequenzen für die Umherstehenden und für die Rückreise der Anbeter wir nichts weiter hören. Hinzu kommt noch die unsichere Datierung der Geschichte. Denn einmal kommt man unter der Herrschaft von Herodes des Großen auf ein Geburtsdatum vor dessen Tod (4 v.Chr.); zum anderen kommt man, wenn man dem Evangelium des Lukas folgt, auf ein Datum n.Chr. während der Steuerschätzung des Statthalters Quirinius (6–7 n.Chr.). Die historische Verankerung dieser Anbetungsgeschichte bleibt also unsicher.

3.   Man kann sich aber auch strikt auf die geistlich-theologische Kernaussage konzentrieren: Da kommen von weither Leute, die den Schriftgelehrten und Pries-

tern des Volkes Gottes als abergläubische Zauberer gelten mussten, um Jesus als Königskind anzubeten. Sie bestellen Grüße aus der großen, weiten Welt, in die am Ende des Evangeliums die Jünger ohnehin im Missionsbefehl geschickt werden. Am Anfang des Evangeliums und am Ende (Mt 28,17) fallen Menschen vor Jesus nieder. Jesus tritt von Anfang an als kleiner König in Konkurrenz zu einem großen König – so wird an die Konkurrenz zwischen dem Pharao und dem kleinen Mose-Kind erinnert.

Um diese Anbetung herauszustellen, gehen wir der Geschichte von einer Station zur anderen nach.

1. AUFBRUCH UND AUSDAUER, EINE STÖRUNG AM HIMMEL (V. 1–2)

Sie machten sich auf die Suche, auch wenn sie nichts Genaues wussten. Sie ließen sich in ihrem System stören und waren durch eine „beträchtliche Unordnung am Himmel" neugierig geworden. Also begaben sie sich „auf den mühseligen Weg der Erforschung unbekannter Unordnung" (Dorothee Sölle). Sie waren Menschen, die auch lange Wege durchhalten und aushalten können. Als „Magier" waren sie hoch geachtete Wissenschaftler, aber sie riskierten, sich durch einen Besuch am Königshof in einem unbedeutenden Land lächerlich zu machen. Umso erstaunlicher ist es, dass der Evangelist keinerlei abfällige Äußerung über sie bringt, obwohl es doch in 2Kön 23,5 heißt: „Und er (der König Josia) setzte die Götzenpriester ab, … die dem Baal geopfert hatten, der Sonne und dem Mond und den Planeten und allem Heer am Himmel."

2. BIBELFORSCHUNG IN KÖNIGLICHEM AUFTRAG (V. 3–4)

Die Weisen klopften schon an der richtigen Tür. Wer soll genauer über den nächsten König Bescheid wissen als der Königshof, den Thronkandidaten eingeschlossen. So kann auch der König Herodes hinter der naiv gestellten Frage nach seinem Nachfolger nur die Machtfrage wittern; er ordnet eine „Bibelstunde" an, um selbst an der Macht zu bleiben. Seine Bereitschaft, mit nach Bethlehem zu gehen, ist daher als scheinheilig zu bewerten und wird von den Weisen auch so eingeschätzt. „Geht ihr schon mal hin, ich komme nach". Diese Raffinesse durchschauen die Weisen, zumal sie durch einen Traum eine höhere Wegweisung erfahren haben.

3. DER VERHEISSENE KÖNIGLICHE HIRTE (V. 5–8)

Wir gehen noch einmal in Gedanken zu jener königlich angeordneten Bibelstunde zurück. Welch ein seltsames Bild: Priester und Schriftgelehrte aus Israel, Sternenkundige aus einem völlig anderen Kulturkreis, ein zwischen Juden und Römern hin und her gerissener König wie Herodes – sie alle hören die Heilige Schrift und folgen der angesagten Wegweisung nach Bethlehem. Dabei geht es zunächst nur um den Geburtsort, wobei Matthäus, Lukas und Johannes völlig übereinstimmen

(Lk 2,4; Joh 7,42). Der Geburtsort Jesu liegt im Süden, weit von Galiläa entfernt. Geht es um den Heimatort, also den Ort, indem Jesus aufgewachsen ist und vielleicht auch seine ersten Berufsjahre zusammen mit seinem Vater verbracht hat, so kommt viel häufiger Nazareth vor und bildet geradezu einen Doppelnamen: „Jesus, der Nazaräer" (Mt 2,23) oder: „Jesus, der Prophet von Nazareth" (Mt 21,11; 26,71). Der Heimatort scheint wichtiger zu sein als der Geburtsort. Für den Geburtsort Bethlehem spricht die Verheißung des Alten Bundes! Gegen den Heimatort spricht der schlechte Ruf von Nazareth: „Was kann aus Nazareth Gutes kommen?" (Joh 1,46; vgl. auch den ganzen Abschnitt Mt 13,53–58). Außerdem spielt bei den Heimatorten Jesu auch die Stadt Kapernaum eine Rolle.

Übrigens lag Nazareth nur 6 km von den damaligen Großbaustellen (Sepphoris) des Römischen Reiches entfernt. War Jesus als Handwerker und Handreicher dort zusammen mit seinem Vater tätig und sprach also auch ein paar Fetzen Griechisch? Es ist nicht sosehr die Ortsfrage als vielmehr die Macht- und Vertrauensfrage, die für Herodes und dieses angebliche Königskind die entscheidende Rolle spielt. Folgende messianische Fragen standen schon seit Jahrhunderten im Raum: Kann und wird er das Volk Israel weiden? Wird er ein guter Hirte? Anders als die Hirten in Ez 34? Kommt er dem verheißenen Spross in Jeremia 23 nahe? Dabei ist die Erwartung des messianischen Hirten immer zugleich auch ein Stück Kritik am real existierenden Königtum.

4.   ANBETUNG ALS TÄUSCHUNG (V. 8b)

Herodes spielt den anbetungsbereiten Unterkönig, obwohl ihm kaum jemand, der seine Politik kennt, solche Unterwürfigkeit gegenüber einem Thronprätendenten zutraut. Als könne Herodes zugunsten eines neugeborenen Kindleins auf Macht verzichten! Er will auf diese Weise vielmehr das kleine Königskind aus seinem Versteck in eine Falle locken. Gespielte Anbetung hätte für Jesus todernste Konsequenzen, und die drei Weisen scheinen das auf Grund eines von Gott gesandten Traumes zu durchschauen.

5.   DIE EHRLICHE ANBETUNG (V. 10–11)

Von den Weisen kann man den klassischen Weg der Anbetung lernen:
–   Sie gehen: Was für ein langer Weg – durch die Wüste nach Jerusalem! Was für ein gefährlicher Weg – durch das Land Judäa nach Bethlehem; überall konnte man durch Nachfragen nach dem nachfolgenden König schlafende Hunde wecken.
–   Sie finden: Was für ein König! Es ist doch nur ein Kind ohne jede Hausmacht … Es kann nur eine Anbetung auf Hoffnung und Zukunft sein.
–   Sie fallen nieder: Obwohl die Macht und die Kraft dieses Königskindes überhaupt noch nicht klar ersichtlich sind – sein Glanz ist nur dem Glaubenden einsichtig.
–   Sie schenken das Beste, was sie haben.

Der Evangelist schildert bei den Weisen nicht eine besondere innere Veränderung oder Herzensbewegung zu Jesus hin: Ihre ganze Ehrerbietung zeigt sich aber in ihrem langen Weg und ihren großen Geschenken. Sie sagen viel weniger als die Hirten der lukanischen Weihnachtsgeschichte. Wir würden so gerne hören, dass sie von jetzt an Anhänger Jesu wären und die Botschaft z.B. nach Persien brächten, zumal sie jetzt wussten, dass eine messianische Weltveränderung nicht durch einen König alten Stils, wie Herodes, herbeigeführt werden konnte. Wir entdecken bei ihnen aber eine Richtungsänderung, und das hat der Evangelist auch unterstreichen wollen: Auf Grund einer Weisung im Traum gehen sie einen ganz anderen Weg zurück; Herodes kann ihnen offenbar nichts mehr befehlen. Kommandos von diesem König nehmen sie nicht mehr entgegen.

FRAGEN UND ANREGUNGEN FÜR DIE GRUPPENGESPRÄCHE

1. *Von der Ahnung zur Königsehrung (V. 10–11)*

Wir wissen nur wenig über den Glauben der drei Weisen. Welche Art von König wollten sie suchen? Wer war ihnen eine so lange Reise wert? Was hatte ein „neugeborener König der Juden" zu bieten? Und doch fordern die Weisen uns Respekt ab. Sie lassen sich in ihrem Himmelssystem und in ihrem irdischen Lebenslauf von dem Kind, das hinter dem Stern steht und leuchtet, stören. Und sie kommen schließlich bei der richtigen Adresse an und gehen falschen Zukunftsversprechungen aus dem Weg – auf einen neuen Weg!

Über solche Gottessucher und Christusanbeter sollten wir uns freuen. Oft „reisen sie noch den planlosen Verwirrungen Himmels und der Erden nach" (D. Sölle). Manchmal fordern wir von Suchern einen kompletten Glauben und übersehen die ungeheure Strecke, die sie schon hinter sich haben. Mit den Gläubigen in der Gemeinde gehen wir dagegen ziemlich tolerant um und fragen nicht weiter nach Glaube, Unglaube, Aberglaube und Kleinglaube. Aber wer von den Jüngern Jesu hat die Bedeutung seines Todes schon verstanden? „Wir aber dachten, dass er Israel erlösen würde" (Lk 24,21). Das scheint die plausibelste Formel für die Enttäuschung an Jesus zu sein.

2. *Von den Sterndeutern zu den Sternsingern*

Die Geschichte von den drei Weisen aus dem Morgenland hat viele weitere Geschichten über die Weisen produziert, auch viele Legenden. Aber ein Anstoß hat uns in unserem Kulturkreis sehr wohltätige Wirkung gehabt: *die Sternsinger.* Die Weisen wandern nun, über die Begegnung mit Jesus hinaus, zu den Häusern der

Menschen und schreiben für das gerade beginnende Jahr einen Segenswunsch an die Türen. Gleichzeitig sammeln sie für Kindermissionswerke in aller Welt:
- Sie singen.
- Sie segnen.
- Sie sammeln.

Dabei tritt die Anbetung des Königs etwas zurück; dies wurde allerdings beim Weltjugendtag 2005 in Köln unter dem Leitspruch „Wir sind [nach Köln] gekommen, um anzubeten" (Mt 2,11) umso stärker akzentuiert[1].

3. „Die Legende vom vierten König" nach Edzard Schaper

Diese Legende ist eine der tiefsinnigsten Deutungen der anbetenden Weisen, die wir kennen. Sie ist eine Gegenkraft gegen alle Glanz- und Gloriaanbetung, da sie dem Königskind und seinen Verehrern ein Profil gibt inmitten bedürftiger Menschen.

Die Legende handelt von einem kleinen König in Russland, dem der Stern auch erschienen war und der ebenfalls mit Geschenken aufbrach für den großen König, der noch kommen sollte und verheißen war. Er packt weiches Leinentuch, Edelsteine, kleine Geldbeutel und Honig („von der samtpelzigen Biene in den Linden Russlands") ein und macht sich mit seinem Pferd Wanka auf den Weg.

Er wundert sich über die lange Strecke, die der Stern ihm vorgab, aber er staunte noch mehr darüber, dass viele Menschen seine Gaben gebrauchen konnten. Da taucht eine junge Mutter auf, bettelarm, gerade niedergekommen mit einem Mädchen, die wärmendes Tuch und Geld dringend gebrauchen konnte. Und der kleine König aus Russland gibt es ihr. Auch kauft er unterwegs eine ganze Gruppe von Sklaven frei und landet schließlich selbst in der Sklaverei, nachdem sein Pferd längst vor Entkräftung gestorben ist, als er nichts mehr als ein Leben und seine Arbeitskraft verschenken konnte. Dem entzieht er sich auch nicht und springt für den in Schuldsklaverei geratenen Sohn einer Witwe als Galeerensklave ein.

Nach 30 Jahren ist diese Sklavenzeit endlich um, aber er kann nicht auf eigenen Füßen an Land gehen – man muss ihn tragen. Auch ist ihm mittlerweile der Stern erloschen, doch er weiß noch die ungefähre Richtung und kommt in eine Stadt, in der ein großes Getümmel wegen eines Verbrechers entstanden war. „Sie haben den Größten, und sie wollen ihn zum Geringsten machen" sagt eine alte Bettlerin. „Er hat die Armen geliebt, die Blinden sehend und die Lahmen gehend gemacht. Jetzt wollen sie ihn ans Kreuz schlagen."

So kommt der kleine König aus Russland dem Kreuz und so dem größten König aller Zeiten nahe. Einen Augenblick denkt er gequält: „Ich habe nichts mehr von allem, was ich dir mitbringen wollte. Alles ist hin und vertan ... Aber mein Herz, Herr, mein Herz, nimmst du es an?"[2]

Zum Gruppengespräch über diese Legende empfehlen sich folgende Fragen:

---

[1] Nähere Infos über die Sternsinger unter: „Kindermissionswerk Die Sternsinger e.V.", Stephanstraße 35, 52064 Aachen, Tel. 0241/4461–0.

[2] Nacherzählung der Legende vom vierten König durch Klaus Teschner; Langfassung nach Edzard Schaper in: *Hubertus Halbfas*, Die Bibel für kluge Kinder und ihre Eltern, Patmos Verlag, Ostfildern, 2. Aufl. 2014, S. 250–251.

– Der größte König ist der gekreuzigte König.
– Auch wo alle Gaben verbraucht sind, bleibt die kostbarste Gabe eines Menschenlebens: sein Herz.
– Sind die Taten der Liebe, bei denen alles draufgeht, *vertan*, wie der kleine König aus Russland manchmal denken musste, oder sind diese 30 Jahre Dienst nötig, um den Größten aller Zeiten zu erkennen und zu verstehen?

4. *Seltsame Lichtblicke im Dunkel der Völker*

Christen aus islamischen Ländern berichten immer wieder davon, dass Christus ihnen im Traum erschienen ist oder sie auf der Straße einige herausgerissene Bibelseiten gefunden haben. Früher hätten wir solche Geschichten als Einbildung abgelehnt; wir sollten aber behutsamer umgehen mit Geschichten vom unkonventionellen Eingreifen Gottes in eigentlich verschlossene Völker. Wir leben in einer Zeit außerordentlicher Öffnung und Erleuchtung. Aber es bleibt dabei: Jesus ist der Weg und das Ziel – das Kind ist anzubeten, nicht der Stern oder die Träume.

II
„Jesus, gib gesunde Augen, die was taugen – rühre meine Augen an"[3]

(Mt 5,1–12)

Die Seligpreisungen

1 Als er aber das Volk sah, ging er auf einen Berg und setzte sich; und seine Jünger traten zu ihm.
2 Und er tat seinen Mund auf, lehrte sie und sprach:
3 Selig sind, die da geistlich arm sind; denn ihrer ist das Himmelreich.
4 Selig sind, die da Leid tragen; denn sie sollen getröstet werden.
5 Selig sind die Sanftmütigen; denn sie werden das Erdreich besitzen.
6 Selig sind, die da hungert und dürstet nach der Gerechtigkeit; denn sie sollen satt werden.
7 Selig sind die Barmherzigen; denn sie werden Barmherzigkeit erlangen.
8 Selig sind, die reinen Herzens sind; denn sie werden Gott schauen.
9 Selig sind die Friedfertigen; denn sie werden Gottes Kinder heißen.
10 Selig sind, die um der Gerechtigkeit willen verfolgt werden; denn ihrer ist das Himmelreich.
11 Selig seid ihr, wenn euch die Menschen um meinetwillen schmähen und verfolgen und reden allerlei Übles gegen euch, wenn sie damit lügen.
12 Seid fröhlich und getrost; es wird euch im Himmel reichlich belohnt werden. Denn ebenso haben sie verfolgt die Propheten, die vor euch gewesen sind.

---

1. ANKNÜPFUNG AN DIE SEGENSGESCHICHTE (V. 1–4)

Matthäus verknüpft die Jesusgeschichte mit der Erwählungs- und Verheißungsgeschichte des Volkes Israel. Jesus ist nicht vom Himmel gefallen. Er ist von langer Hand Gottes zum Segens- und Verheißungsträger für alle Völker berufen. Am Anfang der Segenslinie, in der er steht, taucht ja gleich der große Segensträger Abraham auf, dann eine Reihe von 3 mal 14 Segensträgern, die bis zu Maria und Joseph reichen und die Bedeutung der Geschichte Jesu herausstellen. Kaum ist dieser geboren, da kommen schon die Anbeter aus der großen weiten Welt. Kaum ist er in Bethlehem geboren, da wird er schon aus seiner Heimat vertrieben; schon

---

3 Aus dem Lied: „Hüter, wird die Nacht der Sünden nicht verschwinden?" (1704), Ev. Kirchengesangbuch für Rheinland, Westfalen und Lippe, 1970, Nr. 266, Str. 7. Der Autor dieses Liedes, Christian Friedrich Richter, war Arzt an den Franckeschen Stiftungen in Halle.

als Baby wird er bis aufs Blut verfolgt. Aber er wird samt seiner kleinen Familie bewahrt, kann nach Galiläa zurückkehren und am Jordan durch die Taufe des Johannes seine Berufung empfangen.

Dieser Berufung wird er sich durch eine dreifache Versuchung in der Wüste gewiss (Mt 4,1–11). Er lehnt schon am Anfang den leichten Weg zur Machtübernahme ab. Er beruft seine ersten Jünger, heilt allerlei Kranke in Galiläa und Syrien und verkündigt das Evangelium vom Reich, in dem Gott auf seine Art, nämlich durch Heilungen und Frohbotschaft, die Macht übernimmt. Er ist der Messias des Wortes und der Tat.

2. Eine neue Weltanschauung: die Öffnung der Augen

Dies alles bringt der Evangelist in der Eröffnung seines Evangeliums in vier Kapiteln unter, in sozusagen mehreren Ouvertüren seiner Botschaft, bevor dann die erste große Ouvertüre kommt, nämlich die Zusammenfassung der Botschaft Jesu in der Bergpredigt. Jesus versammelt alles Leid und Elend dieser Welt um sich, holt es dicht an sich heran und sendet allen, die in diesem Milieu leben, seine herzlichen Glück- und Segenswünsche. Denn der Ausgang dieser Elendssituationen wird herrlich sein; das kann man schon heute anfangsweise sehen und erfahren, wie die Antwort Jesu an den Täufer zeigt (11,5). Es wird alles enden in Trost, Barmherzigkeit, Frieden, kurzum in einem sichtbaren Durchbruch des Reiches. Und dabei werden die scheinbar Hilflosen, Machtlosen und Glücklosen als Gottes Kinder herauskommen. Bis dahin gilt es zu wachen und zu warten; wer sanftmütig und barmherzig nach dem Frieden lechzt, der wird genug Aufgaben finden, um als Salz der Erde und Licht der Welt Veränderungen herbeizuführen (Mt 5,13–16).

Es gilt also zu beachten:

– Am Anfang der Bergpredigt steht nicht ein neues Aktionsprogramm, dem sich kein Nachfolger Jesu gewachsen fühlen könnte, am Anfang steht eine neue Weltsicht, eine Seh-Schule: Seht euch die Leidenden, Weinenden, Sanftmütigen und Verfolgten an. Gott hat sie nicht vergessen. Sie haben Zukunft. Sie gehören in das jetzt gerade beginnende entscheidende Kapitel der Heilsgeschichte, denn schon heute werden, da wo das Reich wächst, auch die Vergessenen und Verrufenen, die Verelendeten und Verratenen wichtiger. Sie müssen auch in euren Augen größer und für eure Weltsicht wichtiger werden. Das Reich gilt ihnen.

– Obwohl Jesus die Augen seiner Nachfolger auf die Leidenden richtet, ist das Leid in der Welt nicht seine allerletzte Perspektive. Er hat keine pessimistische Weltsicht, sondern er predigt und handelt für den Durchbruch des Reiches Gottes in Gerechtigkeit. Jesus ist nicht verliebt ins Scheitern, nicht stolz auf alles Negative.

– Obwohl die Leidenden vermeintlich „nichts machen" können, da ihnen alle politischen Machtmittel fehlen, können sie doch eine Menge in Richtung „Frieden machen". Obwohl die Leidenden und Trauernden eine Minderheit sind, werden sie als Salz und Licht der Welt wirken und unglaublich nötig sein.

Die Umkehr zum Reich Gottes, also die neue Sichtweise und die neue Handlungsweise werden in unserem Abschnitt so entfaltet, dass mehrere Personengruppen vor unsere Augen gestellt werden. Eine verschwommene Weltsicht, bei der Elend und Glück ohne Aufregung hingenommen werden, lässt Jesus nicht durchgehen. Er spricht so viele Glückwünsche für die „weniger Glücklichen" aus, dass es Ärger geben muss. Denn die Welt wird von denen, die „mehr Glück gehabt haben", anders gesehen. So ist es halt in der Welt: Es gibt solche, die Glück gehabt haben, und es gibt solche, die weniger glücklich sind. Da kann man nichts machen. Bei Jesus bekommt das Elend hingegen ein klares Gesicht und eine neue Hoffnung. Es tauchen folgende Gruppen auf:

– Die *geistlich Armen*. Matthäus nimmt die Seligpreisungen Jesu aus der Feldrede bei Lukas (Lk 6) auf, stellt aber eine längere Liste zusammen und radikalisiert die Gabe und Aufgabe der Leidenden in mancher Hinsicht. Wenn Menschen als „geistlich arm" angeredet werden, wird dadurch die Armut nicht spiritualisiert, sondern radikalisiert. Jesus meint Menschen, die sich weder vor Gott noch vor Menschen zurechtfinden, die ein zerschlagenes Herz haben. Sie sind so bedrückt, dass sie auch vor Gott nicht mehr auf ihre Gemeinschaftstreue Gott gegenüber pochen können (vgl. Jes 57,15; Ps 34,19). Hinzu kommt ihre äußere Armut, aber hier tritt diese Armut gegenüber der vierten Seligpreisung zurück; dort ist von Hunger und Durst nach Gerechtigkeit die Rede.

– Die *Leidtragenden*. Jesus differenziert nicht zwischen Leid aus eigener Schuld und Leid durch Fremdverschulden. Jede Träne ist kostbar.

– Die *Sanftmütigen*. In einer Zeit, die von Krieg und Besatzung bestimmt ist, scheinen die Sanftmütigen keine Chance zu haben. Das Land wird denen gehören, die es sich nehmen und die es sich militärisch leisten können, es zu nehmen. Wer hat schon Zeit und Geduld, darauf zu warten, ob Sanftmut sich auch politisch auszahlt? Das wären die Leute, die nicht Böses mit Bösem vergelten. Es bliebe abzuwarten, ob sich der Glückwunsch an die Sanftmütigen nicht langfristig bewahrheitet. Sanftmut war allerdings keine Herrschertugend und wurde als Schwäche ausgelegt. Nur wer stark und gewalttätig auftritt, wird ernst genommen und hat Zukunft. Hier haben die christlichen Tugendlisten eine entscheidende Klimaveränderung gebracht und Demut, Sanftmut, Großmut nach vorne gerückt. Aber wegen der unglaublichen Brutalität einiger politischer Gruppen scheint es gar keinen anderen Weg zu geben als Gegengewalt, zumindest vorübergehend.

– Die *nach Gerechtigkeit hungern und dürsten*, also Menschen, die von Krieg zu Krieg leben, von Enteignung zu Enteignung, von Verlust zu Verlust, ganz zu schweigen davon, dass ihre Familien durch Zwangsrekrutierungen auseinandergerissen und zerstört werden. Auch bei dem Hunger und Durst nach Gerechtigkeit wird der Bogen ganz weit gespannt: Es geht um den Hunger des Magens, den Hunger des Herzens und den Hunger des Gewissens nach ausgleichender Gerechtigkeit. Und manchmal drückt der Hunger des Herzens stärker als der Hunger des Magens, sodass Menschen aus Ländern, in denen sie ein leidliches Auskommen gehabt hätten, in die Freiheit fliehen.

– Die *Barmherzigen*. Das scheint eine ganz hoffnungslose und aussichtslose

Gruppe zu sein. Wie will sie ohne Gewalt etwas erreichen? Höchstens im kleinen persönlichen Bereich, wo einer dem anderen leiht und beisteht. Und doch haben wir selbst erlebt, dass Barmherzigkeit Frieden bringt?

– Die *reinen Herzens sind.* Hier wird eine radikale Veränderung des Menschen angesprochen, nämlich nicht nur die Veränderung der gesellschaftlichen Verhältnisse, sondern die Veränderung des Verhältnisses zu Gott, dass jemand mit Gott im Reinen ist. Eigentlich kann man Gott nicht gerade in die Augen schauen, denn da liegt immer eine Decke oder eine Last dazwischen. Und eigentlich ist die Schau Gottes im Alten Bund gar kein erstrebenswertes Ziel, denn wer Gott schaut, stirbt. Es gilt daher als ein besonderes Geschenk des neuen Bundes (2. Mose 33,20), dass Menschen vor Gott und mit Gott ohne Angst und Furcht leben können.

– Die *Friedfertigen.* Der Urtext strahlt eine viel größere Aktivität aus als die Übersetzung. Es geht um die, die Frieden machen, ja schaffen. Es geht also nicht um eine passive Wartestellung, sondern um aktives Eingreifen in festgefahrene Verhältnisse. In dieser Glückseligpreisung steckt viel Kraft.

– Die *verfolgt und verleumdet werden.* Wie viele Gerüchte über Christen kursierten in der römischen Welt! Wie viele Gerüchte gingen schließlich in Gewalt über, und aus der lügenden Zunge wurde Schwert und Feuer. Auch heute kriegen Christen von dieser Art Verleumdung manches ab. Immer wieder wird ausgestreut, Christen hätten das heilige Buch des Islam verachtet und mit Füßen getreten. Wie es den Symbolen ergeht, die für Christen besonders wichtig sind, wird kaum gefragt: Da werden Altäre verwüstet und Kreuze verleumdet …

Zu all diesen Gruppen sagt Jesus: „Ich kann euch nur gratulieren! Freut euch! Ihr habt Zukunft! Kommt zu mir! Kommt mit mir!"

4. MÖGLICHE MISSVERSTÄNDNISSE

Wir haben gesehen, dass mit jeder Glückseligpreisung eine positive Zielvorstellung verbunden ist: Trost, Barmherzigkeit, Landbesitz, kurzum: Die Kräfte und Mächte des Reiches Gottes treten mitten im Leid auf den Plan. Jesus spricht seine Glückwünsche aus, mitten in das Elend hinein. Die Wahrnehmung des Elends heute darf uns also nicht den Blick verstellen für das kommende Reich und die Anzeichen des Reiches heute. Den endgültigen Durchbruch gilt es tätig abzuwarten: Wer warten kann, hat viel getan.

Dazu passt nicht eine passive, kopfhängerische Haltung. Diese würde ungefähr so klingen:

– Selig sind, die alles ertragen, denn sie können nichts falsch machen.
– Selig sind, die sich nicht wehren, sie sind wenigstens frei von Gewalt.
– Selig sind, die nachgeben, denn sie pochen nicht mit Gewalt auf ihr Recht.

Friedrich Nietzsche nennt dieses ständige Nachgeben „Die Sklavenmoral der Zukurzgekommenen".

Aber hat Jesus selbst alles Unrecht hingenommen? Gewiss hat er auf seinem Leidensweg von einer gewissen Station ab nur noch geschwiegen (Mt 27,14) und Unrecht geschluckt. Aber er hat auch (wütend?) zurückgefragt, als er zur Marionette der Wachsoldaten wurde: „Was schlägst du mich?"

Wir stehen in der Gefahr, diejenigen glückselig zu preisen, die sich gar nicht erst auf diese Welt und ihre Schmerzen einlassen, die innerlich und äußerlich darum kämpfen, frei von aller Unruhe zu werden und mit Gleichmut die Welt zu betrachten. Das wäre aber die Philosophie der Stoiker, nicht die Strategie der Bergpredigt. Denn Jesus hat mit denen, die hungern und dürsten nach Gerechtigkeit, etwas vor.

FRAGEN UND ANREGUNGEN FÜR DIE GRUPPENGESPRÄCHE

1. Wie sieht das Glück derer aus, die sich aus allem heraushalten? Wie sieht die Überforderung derer aus, die sich für alles verantwortlich fühlen?
Manche Augen haben zu viel Leid gesehen, darum verschließen sie sich, eigentlich aus Notwehr, gegen weitere Bilder der Verzweiflung und Ratlosigkeit. Wir müssen alle aus Gründen unserer begrenzten Kraft irgendwo abschalten, uns aber umso mutiger an irgendeiner Stelle auch einschalten.

2. Jesus proklamiert in der Bergpredigt kein Handbuch für Zuschauer, auch kein Trostbuch für die Seele. Er beginnt seine Predigt nicht mit „Wehe!" und auch nicht mit „Ach!", sondern mit „Herzlicher Glückwunsch!" Wenn er am Ende seines Heilandsrufs in Mt 11,30 „Ruhe für unsere Seelen" verspricht, so will er doch nicht, dass wir vor lauter Frieden einschlafen. Beunruhigung und Beruhigung der Seele gehören bei Jesus zusammen.

3. Ein Buch zum Thema „Christen sind Fremdbürger" erregt zurzeit in den USA ziemliches Aufsehen. Es beginnt seine Einführung zur Bergpredigt mit folgenden Gedanken:
„Wir sind, was wir sehen. Im Hinblick auf die Ethik ist es aufschlussreich zu bemerken, dass Jesus, indem er die Bergpredigt mit den Seligpreisungen beginnt, uns erst einmal gar nicht auffordert, irgendetwas zu *tun*. Die Seligpreisungen sind im Indikativ gehalten, nicht im Imperativ. Bevor wir irgendeine Anweisung erhalten, wird uns zuallererst gesagt, was Gott getan hat.
Stellen wir uns eine Predigt vor, die folgendermaßen beginnt: ‚Selig seid ihr Armen, selig seid ihr, die ihr hungert. Selig seid ihr, die ihr arbeitslos seid. Selig seid ihr, die ihr durch eine Scheidung geht. Selig seid ihr, die ihr unheilbar krank seid.‘ Die Gemeinde würde von ihren Stühlen kippen: ‚Was soll das?‘ Im Reich dieser Welt, wenn du arbeitslos bist, behandeln dich die Leute so, als ob du eine ansteckende Krankheit hättest. Im Reich der Welt, wenn du unheilbar krank bist, wirst du zu einer Peinlichkeit im Gesundheitswesen, die man eilends außer Sichtweite bringt. Wie in aller Welt können solche Menschen ‚selig‘ gepriesen werden?

Der Prediger antwortet: ‚Es tut mir leid. Ich hätte mich etwas klarer ausdrücken sollen. Ich spreche nicht vom Reich dieser Welt, sondern von Gottes Reich. In Gottes Reich sind die Armen von königlicher Ehre und die Kranken gesegnet. Ich hatte versucht, euch etwas anderes sehen zu lassen als das, was ihr zu sehen gewohnt seid.'

Die Bergpredigt beruht auf folgender theologischer Voraussetzung: Wenn der Prediger uns zu zeigen vermag, wer es ist, den Gott segnet, setzt er uns damit auf einen Weg, auf dem wir selbst zu Gesegneten werden können."[4]

---

4 *Stanley Hauerwas / William H. Willimon*, Christen sind Fremdbürger. Wie wir wieder werden, wer wir sind: Abenteurer der Nachfolge in einer nichtchristlichen Gesellschaft. Übersetzt von Bernd Wannenwetsch, Fontis 2016, S. 123–124

III
Oder sollen wir auf einen anderen warten?

(Mt 11,2–15.28–30)

Die Anfrage des Täufers

2   Als aber Johannes im Gefängnis von den Werken Christi hörte, sandte er seine Jünger

3   und ließ ihn fragen: Bist du es, der da kommen soll, oder sollen wir auf einen andern warten?

4   Jesus antwortete und sprach zu ihnen: Geht hin und sagt Johannes, was ihr hört und seht:

5   Blinde sehen und Lahme gehen, Aussätzige werden rein und Taube hören, Tote stehen auf, und Armen wird das Evangelium gepredigt;

6   und selig ist, wer sich nicht an mir ärgert.

7   Als sie fortgingen, fing Jesus an, zu dem Volk von Johannes zu reden: Was seid ihr hinausgegangen in die Wüste zu sehen? Wolltet ihr ein Rohr sehen, das der Wind hin und her weht?

8   Oder was seid ihr hinausgegangen zu sehen? Wolltet ihr einen Menschen in weichen Kleidern sehen? Siehe, die weiche Kleider tragen, sind in den Häusern der Könige.

9   Oder was seid ihr hinausgegangen zu sehen? Wolltet ihr einen Propheten sehen? Ja, ich sage euch: Er ist mehr als ein Prophet.

10   Dieser ist's, von dem geschrieben steht (Mal 3,1): »Siehe, ich sende meinen Boten vor dir her, der deinen Weg vor dir bereiten soll.«

11   Wahrlich, ich sage euch: Unter allen, die von einer Frau geboren sind, ist keiner aufgetreten, der größer ist als Johannes der Täufer; der aber der Kleinste ist im Himmelreich, ist größer als er.

12   Aber von den Tagen Johannes des Täufers bis heute leidet das Himmelreich Gewalt, und die Gewalttätigen reißen es an sich.

13   Denn alle Propheten und das Gesetz haben geweissagt bis hin zu Johannes;

14   und wenn ihr's annehmen wollt: er ist Elia, der da kommen soll.

15   Wer Ohren hat, der höre!

Jesu Lobpreis und Heilandsruf

28   Kommt her zu mir, alle, die ihr mühselig und beladen seid; ich will euch erquicken.

29   Nehmt auf euch mein Joch und lernt von mir; denn ich bin sanftmütig und von Herzen demütig; so werdet ihr Ruhe finden für eure Seelen.

30   Denn mein Joch ist sanft, und meine Last ist leicht.

1. Brücken zwischen Täufer und Jesus – im Grenzland des Reiches Gottes

Es ist erstaunlich, wie viel Mühe sich alle Evangelisten mit der Darstellung der Botschaft und des Geschicks Johannes des Täufers geben. Sie könnten ja auch denken und sagen: „Vergiss ihn! Er ist von gestern! Sein Auftrag ist abgelaufen! Im Vergleich zu Jesus ist er ein ‚Auslaufmodell‘“.

Das tun sie aber nicht, sondern sie zeichnen mit viel Mühe das Geschick des Täufers in die Geschichte Jesu ein und stellen ihn ins Grenzland des Reiches Gottes. Mit Jesus ist dieses Reich nicht bedrohlich, sondern erfreulich den Menschen nahe gekommen, nicht mit neuen Belastungen, sondern mit guten Gründen zum Aufatmen in der Nähe Gottes. Nicht mehr nur als Gottes Herrschaft zur Buße, sondern als seine Herrschaft durch das Evangelium und den Glauben. Das Reich Gottes ist bei Jesus eine Frohbotschaft und nicht mehr Drohbotschaft; das zeigen die Heilungen, die Jesus ohne gesetzliche Auflagen verschenkt.

2. Anfragen und Anfechtungen des Täufers

Johannes ist nach seiner Gefangennahme offenbar ziemlich verunsichert: „Wie soll es jetzt mit dem Reich Gottes weitergehen – ohne mich?" Ihm sind Hände und Füße gebunden, und es kommt noch schlimmer: Er wird von Herodes in einer Partylaune geopfert (Mt 14,1–12), denn dieser Täufer war dem König zu kritisch, zu prophetisch (Mk 6,18). Jesus hat zwar auch mit Kritik an den Mächtigen nicht gespart (z.B. Mk 10,42–45 und das Schimpfwort über Herodes als „Fuchs"). Aber Jesus war bis zu seinem letzten tödlichen Zusammenstoß mit den weltlichen und religiösen Führern in Jerusalem immer noch glimpflich davongekommen.

Der Täufer rechnet nun für sich selbst mit dem Schlimmsten. So ist er bereit, seine Botschaft und seine Hoffnung auf einen anderen zu übertragen. Ist Jesus der andere? Ist Jesus überhaupt anders? Diese Anfragen müssen im Täufer nagen und ihm schwer zu schaffen gemacht haben. So entdecken wir in ihm eine gewisse Bereitschaft zum Abdanken! Er hatte ja auch nie behauptet, in ihm sei das Reich Gottes schon realisiert. Er wusste von Anfang an: Da muss schon ein anderer kommen, ein Größerer. In Jesus war das Reich Gottes nahe und da. So stellen es zumindest die Evangelisten dar. Aber dass ihre Darstellung nur von einem positiven Vorurteil Jesus gegenüber bestimmt sei, geht aus ihrer Johannes-Darstellung nicht hervor. Sie ehren Johannes, und Jesus selbst gehört zu seinen früheren Jüngern.

Wenn man die Täuferpassagen in den Evangelien sammelt, dann kommt eine Menge zusammen, so z.B. bei Matthäus die Bußpredigt des Täufers an die Pharisäer und seine Taufhandlung an Jesus (Mt 3); Markus, der die Inhalte des Evangeliums stark zusammenstreicht, muss offenbar doch diesen notwendigen Klammersatz zwischen AT und NT bringen. „Es ist eine Stimme eines Predigers in der Wüste: Bereitet den Weg des Herrn und macht seine Steige richtig" (Mk 1,3, aufgenommen in Mt 3,3 in Anlehnung an Jes 40,3 und Mal 3). Ohne die Erwähnung des Täufers im Alten Testament hat auch bei Markus die Jesusgeschichte keinen theologisch richtigen und wichtigen Anfang. Sie hat eine Vorgeschichte in Gottes Treue und Verheißung. Beim Evangelisten Johannes schließlich ist der Täufer der

Zeigefinger Gottes auf Jesus hin, auf das Lamm Gottes. Der Täufer ist schließlich jemand, der mit Wasser tauft als Hinweis auf den eigentlichen Täufer, der mit dem Heiligen Geist tauft (Joh 1,29–34).

Man kommt also am Täufer Johannes nicht vorbei, wenn man zu Jesus durchdringen will. Selbst wenn die Evangelisten das Material erst längere Zeit nach dem Tod des Täufers und dem Tod Jesu geordnet haben, haben sie doch überall Brücken zwischen den beiden entdeckt und Schwierigkeiten damit gehabt, beide strikt voneinander abzugrenzen, obwohl ihnen das als Parteigänger des Größeren und Stärkeren nahegelegen hätte. So lässt Matthäus die Ähnlichkeit zwischen Täufer und Jesus ohne Kommentar und Glättung stehen: „Tut Buße, denn das Himmelreich ist nahe herbei gekommen" (Mt 4,17 und 3,1).

3. EINE INDIREKTE ANTWORT AUF DIE MESSIASFRAGE (V. 1–6)

Jesus sagt nicht: „Ich bin's" wie später in höchster Seenot seinen Jüngern zum Trost (14,27). Jesus stellt vielmehr jede Menge messianische Hinweiszeichen auf, die auf die gnädige Herrschaft Gottes zeigen: sehende Blinde, gehende Lahme, Aussätzige ohne Ausschlag, hörende Taube, schließlich sogar vom Tod Erweckte. Und vor allem: Die vom Evangelium erreichten Armen werden selbst zum Zeichen des Reiches Gottes. Und dennoch kann man sich an diesen außerordentlichen „Hilfshandlungen, Zeichenhandlungen und Kampfhandlungen" (nach Karl Barth) ärgern, weil in der Umgebung Jesu noch nicht alles schlechthin neu wird; die Machtverhältnisse im Römerreich nicht, die Lage aller Kranken noch nicht; auch werden die Tore des Totenreiches nicht total aufgebrochen und Gestorbene nicht in die Freiheit entlassen. Das bleiben Ausnahmeerscheinungen im Zusammenhang mit der Auferstehung (Mt 28) und einigen wenigen Auferweckungswundern Jesu (Lazarus in Joh 11, der Jüngling zu Nain in Lk 7, die Tochter des Jairus in Lk 8). Es gibt keine Inflation von Totenauferweckungen. Und wichtig ist: Von Jesu Tätigkeit kann auch ohne die Begleiterscheinung von Wundern (Mt 11,1) berichtet werden; auch im Lehren und Predigen ist das Reich Gottes voll gegenwärtig. Nur dass Jesus nicht nur Prediger, sondern auch Krankenheiler war. Im Rahmen des Reiches Gottes gehört beides zusammen.

4. „ER IST ELIA" – EINE DIREKTE ANTWORT (V. 7–15)

Selbst mit den eigenen Augen kann man sich täuschen. Vor einem bloßen Sehtest muss auch gewarnt werden; so fragt Jesus: Was wolltet ihr denn nun bei Johannes dem Täufer sehen? Seid ihr ins Jordantal und in die angrenzende Wüste im Osten hinabgestiegen, um ein Schilfrohr im Wind zu sehen, um seine Biegsamkeit, Flexibilität und Widerstandskraft zu bewundern? War Johannes solch ein Typ? Oder wolltet ihr einen König in weichen Kleidern sehen? Nein, ihr wisst doch, dass Johannes mit den Königen nicht gut Freund war und dass er auch keine weichen Kleider trug! Oder wolltet ihr einen echten Propheten sehen? Da seid ihr schon auf der richtigen Spur! Aber er ist mehr als ein Prophet – er ist der letzte Vorbote des

Reiches Gottes, der Wegbereiter, der die Passage planiert, sodass die bußfertigen Menschen Jesus besser verstehen können. Insofern ist Johannes ganz dicht dran am Geheimnis des Reiches, er ist mit einem Bein schon drin. Er ist der verheißene zweite Elia. Aber Jesus ist größer, weil er das eigentliche Geheimnis des Reiches eröffnet und schenkt: die heute schon gültige und wirksame Gnade Gottes.

---

5. Der Heilandsruf – schon heute Erquickung und Entlastung (V. 28–30)

Der Stil der Rede Jesu bleibt jetzt nicht mehr eine Diskussion, sondern er wird zur Einladung. Das Diskussionskapitel über Johannes den Täufer endet nicht zufällig mit einer direkten und persönlichen Einladung zu Jesus an Mühselige und Beladene. Er ruft die Armen und Kranken, die Trauernden und Verfolgten jetzt ganz dicht an sich selbst heran. Und dieser Heilandsruf ist noch einmal etwas anderes als der Bußruf des Täufers. Hier bekommen die nach dem Reich Gottes suchenden Menschen keine neuen Lasten aufgedrückt, sondern können angesichts der Nähe Gottes glaubend aufatmen und sich wie Kinder geborgen fühlen. Man hört nicht die Axt des Gerichts an den Bäumen schon zischen, sondern hört Heilungs- und Friedenszusagen Jesu: „Geh hin in Frieden, dein Glaube hat dir geholfen!"
Der Heilandsruf verspricht Entlastung auf der ganzen Breite des Lebens. Schon heute Erquickung, wie schon lange verheißen. „So spricht der Herr Zebaoth, der Gott Israels: ‚Man wird dies Wort wieder sagen im Land Juda und seinen Städten, wenn ich ihr Geschick wenden werde: Der Herr segne dich, du Wohnung der Gerechtigkeit, du heiliger Berg … denn ich will die Müden erquicken und die Verschmachtenden sättigen'" (Jer 31,23–25). Nachdem der Prophet Jeremia diese Verheißungen geträumt hatte, sagte er zu sich selbst: „Darüber bin ich aufgewacht und sah auf und hatte so sanft geschlafen" (Jer 31,26). Dieser Traum von Erquickung wird in der Nähe Jesu wahr. Die Einladung Jesu bezieht sich aber nicht nur auf Seelenruhe, also auf die Gemütsverfassung des Menschen vor Gott, sondern sie bezieht sich auch „brutto" auf Land und Leute, Äcker und Herden. Es geht um eine Rundumerquickung, die mit dem Hören des Heilandsrufes anfängt. Wenn Menschen zu Jesus kommen, dann ist das so, als ob ihnen die Tür zum Reich Gottes aufgemacht wird; sie machen tastend die ersten Schritte ins gelobte Land und finden sich wie Familienmitglieder, wie Kinder, ohne Bedingungen aufgenommen und angenommen (Mt 18,1–5). Wer zu Jesus kommt und seine Lasten ablegt, der tritt ein in einen neuen Bund, in dem das Gesetz in Herz und Sinn (Jer 31,33) geschrieben wird und Vergebung gilt. Darum ist dieses Joch Jesu nicht ein neues Lastenverzeichnis von Vorschriften, sondern eine Wegbeschreibung, wie die Jünger an der Hand des Heilands und Meisters leben können, dessen Last leicht ist, der sanftmütig und demütig ist. Im Unterschied zu Jesus kann der Täufer nicht zu sich selbst rufen, denn er ist nicht selbst der Heiland. So kann die Diskussion über den Täufer in einem Ruf Jesu zu sich selbst enden. Jesus redet nicht nur *über sich*, sondern lädt ein *zu sich*.

1. Respekt vor dem Programm des Täufers

Wir dürfen nicht vergessen, dass Jesus ein paar Jahre lang ein Nachfolger des Täufers war, dass also Jesus selbst sich einer Bußbewegung angeschlossen hat. Er hat sich schließlich von dem Täufer taufen lassen, obwohl diesem – nach Angabe des Evangelisten Matthäus – dabei nicht so ganz geheuer war (Mt 3,13–15).
Jesus hat also die Wassertaufe als Zeichen der Umkehr zum Reich Gottes für sich übernommen. Bei dieser Taufe hat er aber die Vergewisserung erfahren, dass er Gottes geliebter Sohn ist (Mt 3,17). Und dieses Geliebtsein wurde zur Mitte seiner Botschaft, auch für seine Nachfolger: das Evangelium, die Frohbotschaft, der man glauben und vertrauen kann. Jeder, der hinter dem Täufer herzog und sich dann schließlich zu Jesus wandte, erfuhr die Wende von der Buße zum Glauben, von der Anstrengung zur Befreiung. Die Buße wurde durch die Nähe des Reiches Gottes nicht überflüssig, sondern erst möglich und verheißungsvoll.

2. Die Taten des Messias

Die Taten und Veränderungen im Umfeld des Messias betreffen den ganzen Menschen. Innerhalb dieser Liste („Heilung von Blinden, Lahmen, Aussätzigen … Verkündigung an Arme"; Mt 11,5–6) stellt man am besten keine Rangfolge auf, sonst würden die Heilungen getoppt durch die verbale Verkündigung oder umgekehrt. Es gibt keine Antwort auf die Frage, was grundsätzlich wichtiger sei, sondern nur eine Antwort auf die Frage, was gerade nötig und dran ist. Das messianische Gesamtprogramm sollte uns vor Augen stehen, damit wir uns nicht ständig streiten über die Prioritätenfrage.

3. Person und Programm

Am Anfang unseres Textes steht die Diskussion über ein Programm, am Ende eine persönliche Einladung zu Jesus. Das Programm des Täufers ist gut, aber kann seine Person Frieden geben? Wir sollten die Suche nach der Seelenruhe nicht geringschätzen oder schlechtmachen. Im Reich Gottes geht es um mehr als unser Herz, es geht um die ohne Gott leidende Welt. Doch was kann ein Mensch ausrichten ohne ein im Frieden Gottes verankertes Herz?

4. „Auf einen anderen warten?"

Wo gibt es heute noch die Gefahr des Personenkultes, also das Warten auf einen „Führer" mit messianischen Zügen, auf einen menschlichen Heilsbringer? Wir werden durch Jesus davor geschützt. Wer an der richtigen Stelle seine Knie beugt und anbetet, wird vor falschen Kniefällen und verführerischen Ideologien bewahrt.

IV
Seelsorge bei Windstärke 10

(Mt 14,22–33)

Jesus und der sinkende Petrus

22   Und alsbald trieb Jesus seine Jünger, in das Boot zu steigen und vor ihm hinüberzufahren, bis er das Volk gehen ließe.

23   Und als er das Volk hatte gehen lassen, stieg er allein auf einen Berg, um zu beten. Und am Abend war er dort allein.

24   Und das Boot war schon weit vom Land entfernt und kam in Not durch die Wellen; denn der Wind stand ihm entgegen.

25   Aber in der vierten Nachtwache kam Jesus zu ihnen und ging auf dem See.

26   Und als ihn die Jünger sahen auf dem See gehen, erschraken sie und riefen: Es ist ein Gespenst!, und schrien vor Furcht.

27   Aber sogleich redete Jesus mit ihnen und sprach: Seid getrost, ich bin's; fürchtet euch nicht!

28   Petrus aber antwortete ihm und sprach: Herr, bist du es, so befiehl mir, zu dir zu kommen auf dem Wasser.

29   Und er sprach: Komm her! Und Petrus stieg aus dem Boot und ging auf dem Wasser und kam auf Jesus zu.

30   Als er aber den starken Wind sah, erschrak er und begann zu sinken und schrie: Herr, hilf mir!

31   Jesus aber streckte sogleich die Hand aus und ergriff ihn und sprach zu ihm: Du Kleingläubiger, warum hast du gezweifelt?

32   Und sie traten in das Boot und der Wind legte sich.

33   Die aber im Boot waren, fielen vor ihm nieder und sprachen: Du bist wahrhaftig Gottes Sohn!

---

1.   STURM UND STILLE

Jesus zog durch Galiläa mit großem Anhang. Er hatte Aufsehen erregt durch seine Predigten vom Reich Gottes und durch seine Taten in der Kraft des Reiches Gottes. Die Gottesherrschaft war in seiner Person nahe. So gab es viele Suchende, Neugierige, Belastete, Kranke und Elende, die in seiner Nähe irgendwie Heil erwarteten. Es war oft schwierig für Jesus, überhaupt einmal Distanz von der Menge zu bekommen, um Stille vor Gott zu haben. Diese Konzentration auf die Begegnung mit Gott war ihm aber so wichtig, dass er sich oft wegschlich und seine Jünger vergeblich nach ihm suchten (Mt 1,35–39).

So ließ Jesus in unserer Geschichte die Volksmenge, die er gerade noch satt ge-

macht hatte, einfach stehen, und löste die Großveranstaltung auf. So geht es in unserer Geschichte
– um die Erfahrung von Brot und Not,
– um die Distanz von Berg und Boot,
– um den Kontrast von Sturm und Stille,
und vor allem
– um Glaubensmut und Wagemut,
sowie schließlich
– um den Kleinglauben einer gerade erst entstehenden, zwischen Zweifel und Glauben hin- und her geworfenen Gemeinschaft von Jüngern – alles beispielhaft dargestellt an Petrus. So wird die Geschichte als Ganze zur Seelsorge an der jungen christlichen Gemeinde, der der Wind entgegensteht.

2. „DIE VERSAMMLUNG IST AUFGELÖST" (V. 22–23)

Jesus scheint das Volk regelrecht wegzuscheuchen, um mit Gott allein sein zu können. Die Menge würde sich ohnehin an einem anderen Uferstück des Sees Genezareth wieder zusammenfinden und Jesus nachrennen, wie der Evangelist später berichtet (14,34–36; 15,29–31). Aber jetzt hat die Stille Priorität.
Das gilt auch für das Verhältnis Jesu zu seinen Jüngern. Auch sie treibt Jesus weg von sich – sogar auf die hohe See. Sie waren es ja gewohnt, alles zusammen mit Jesus zu erleben: Heilungen und Predigten, Tage und Nächte, Tischgemeinschaft und Wanderschaft. Nun aber werden sie „hinweg getrieben", so als wollte Jesus absichtlich für sie eine Versuchungssituation herbeiführen, gleich wie sie auch für ihn in der Wüste entstand (Mt 4,1–11); Versuchung in der Wüste – Versuchung auf hoher See.
Die Wander- und Lerngemeinschaft Jesu mit seinen Jüngern wird also vorübergehend gelockert, die räumliche Distanz wird größer, der seelsorgerliche Einfluss Jesu auf seine Jünger auf dem Höhepunkt der Versuchung wird jedoch nicht geringer: „Seid getrost! Ich bin's! Fürchtet euch nicht!" (27). Solch eine Trennung und Distanz kam bisher nur bei der ersten feierlichen Aussendung der Jünger ins Land und in die Häuser vor (9,35–10). Der Kontrast ist dieses Mal besonders groß, weil dem verzweifelten Kampf von 12 Jüngern gegen Wind und Wellen vorher eine Massenversammlung mit Tausenden von Leuten gegenüberstand. Können die Jünger diesem Wechsel von Begeisterung und Anfechtung standhalten?

3. GEGENWIND UND OBENDREIN EIN GESPENST IN DER NACHT (V. 24–25)

Während die Menge sich zerstreut und Jesus zum persönlichen Gebet alles abschaltet, werden die Jünger in ihrem Boot hin- und her gerissen, sie werden zum Spielball elementarer Mächte. Und obendrein kommt das Boot immer weiter vom rettenden Land ab. Es dauert Stunden, denn erst in der vierten Nachtwache kommt Jesus zu ihnen; und diese Notiz, dass sie fast die ganze Nacht auf seine Hilfe warten mussten, ist dem Evangelisten wichtig.

Da die Sonne nachts nicht schien und zur Stundenansage untauglich war, rechnete man die Nachtwachen nach den Weckrufen der jeweils Dienst habenden Wächter. So waren schon drei Nachtwachen ohne Verbesserung der Lage an den Jüngern vorbeigerauscht: die Abendwache am Beginn der Nacht, die Mitternachtswache und die Wache um die Zeit des Hahnenschreis … und schließlich die Morgenwache, wenn der Tag sich allmählich ankündigt. Müsste Gott nicht jetzt helfen, wenn er überhaupt noch helfen will? Das war ja die kontinuierliche Erfahrung der wartenden und klagenden Beter des ersten Bundes, dass der Herr „der Stadt Gottes früh am Morgen" hilft (Ps 46,6); „nur ein Augenblick dauert sein Zorn, aber ein Leben lang seine Gnade. Noch am Abend weinen wir, doch am Morgen kehrt wieder Jubel ein" (Ps 30,6, Genfer Übersetzung). Die geistliche Bedeutung des Morgens reicht bis in die Auferstehungsgeschichte hinein: „Und sie kamen zum Grab am ersten Tag der Woche, sehr früh, als die Sonne aufging" (Mk 16,2).[5] Als Gottes Hilfe endlich kommt, sehen die Jünger nur ein Gespenst, ein Phantasma, wie es im griechischen Urtext heißt. Dass dieses Wesen auf dem See ging, machte für sie alles nur noch unheimlicher und führte sie nicht zu Jesus hin, sondern nur noch tiefer in die Angst.

4. Im Sturm die entscheidende Stimme hören

Erst durch die Trostworte Jesu erfahren die Jünger, dass sie auch auf hoher See nicht von allen guten Geistern verlassen sind. Es sind drei starke Worte Jesu, die die Gemeinde über Wasser halten:

– „Seid getrost!" hat hier den Sinn: Ich werde eure Lage bald ändern! Trost ist in biblischer Sprache immer mehr als Vertröstung.

– „Ich bin's!" – so redet der lebendige, helfende Gott an Wendepunkten der Bundesgeschichte seinem Volk gut zu, z.B. in 2. Mose 3,14, in den Ich-bin-Worten bei Jesaja und im Johannesevangelium.

Vor einem undefinierbaren Schicksal könntet ihr einfach besinnungslos schreien wie über ein Gespenst. In Gottes Nähe aber nicht. Ihr kennt ihn doch … geduldig und barmherzig ist er.

– „Fürchtet euch nicht!" Diese Zusage widerspricht zwar der Situation, sie muss aber nicht schwächer sein als die erdrückende Macht von Wind und Wellen. Der Trost ist nah, Jesus ist da.

5. Glaubensmut oder Übermut? (V. 28–30)

Petrus nimmt die Beistandszusage Jesu an alle Jünger wie eine Herausforderung an sich persönlich wahr. Er könnte antworten: „Dann ist ja alles gut. Auf dein Wort verlasse ich mich jetzt mit samt den anderen." Aber er leitet darüber hinaus eine spezielle Glaubensprobe für sich selbst ab. Das bleibt völlig unerklärlich. Petrus

---

5 Zu Nachtwachen in römischer Zeit vgl. *Michael Ernst*, Art. Nachtwache, in: Herders Neues Bibellexikon, hg. von Franz Kobler, Freiburg i.Br. 2008, S. 539.

muss offenbar immer etwas Besonderes haben oder machen. Er ist der, der bis in den Hof, in dem das Verhör Jesu stattfindet, ans wärmende Feuer schleicht. Er ist auch wahrscheinlich der, der Jesus im Garten Gethsemane mit dem Schwert verteidigen will. Und er ist auch der, der sich als erster ins Wasser wirft, um eher an Land und bei der Gestalt des Auferstandenen zu sein als alle anderen Jünger (Joh 21). Seltsamerweise geht Jesus auf den Wagemut – oder ist es Übermut? – des Petrus ein und ruft ihn zu sich. Und Petrus riskiert erst auf dieses Wort hin den kritischen Weg zu Jesus hin. Es ist wie beim Fischzug: „aber auf dein Wort hin will ich die Netze auswerfen" (Lk 5,5). Ganz ähnlich würde Petrus hier sagen: „aber auf dein Wort hin will ich übers Wasser gehen."

6. Ein „Zweifler" als Fels der Gemeinde? (14,30; 16,18)

Aber da kommt etwas anderes in sein Gesichtsfeld. Auf einmal nimmt Petrus doch mehr wahr als die Mut machende Stimme Jesu: die Wellen. Auf einmal sind sie da und machen mehr Eindruck als alles andere. Und Petrus wird auf einmal zum *Zweifler*. Er zieht *zwei* Mächte in Betracht: Das Wort und die Wellen. Da tragen ihn weder Wort noch Wellen, er fängt an zu sinken und schreit: „Herr, hilf mir!" Alle Jünger hatten angesichts des Gespenstes auch geschrien. Petrus aber redet selbst in diesem Wellengewühl Jesus mit Namen an, damit wohl den Hilfeschrei der alten Kirche vorwegnehmend, die in Todesnot immer beten konnte: „Herr, hilf mir!", „Herr, erbarme dich!" Man darf Not- und Stoßgebete nicht schlechtmachen. Es gibt Situationen, in denen man nicht mehr lange überlegen kann, was und wie und worum man beten soll. Ein kurzer Schrei genügt, ein Gebetstelegramm, eine SMS an Gott.

7. Eine feste Hand für den Zweifler

Petrus erfährt eine besondere Seelsorge mit handgreiflicher Hilfe. Jesus zieht ihn aus dem Wasser und fragt nach seinem Glauben. Anfangs war der groß genug gegen haushohe Wellen. Aber jetzt beeindrucken ihn die Mächte des Chaos mehr als die Trostworte des Herrn. Jesus jedoch lässt sich durch die Seelenlage des Petrus nicht irritieren. Er steht zu Petrus, zieht ihn nach oben – und der Wind legt sich.
Es ist ein Geheimnis um die Hände Jesu: Sie berühren den Unberührbaren (Mk 1,40); er legt den Kindern die Hände auf und segnet sie, nachdem er sie vorher umarmt hatte (Mk 10,16); er hält seine Jünger fest, sodass niemand sie aus seiner Hand reißen kann (Joh 10,28–29); diese starke Hand erfährt Petrus mitten im Sturm.

8. Vom Zweifel zur Anbetung (V. 32–33)

So schnell wie der Sturm kam, so schnell ging er auch wieder vorbei. In diese Stille hinein fällt das Bekenntnis der ganzen im Boot versammelten Gemeinde. Nach der Darstellung unseres Evangelisten waren sie durch die Sturmstillung eben doch verständiger geworden (anders in Mk 6,52). Sie knien im Boot und sprechen Jesus die Ehre zu, Gottes Sohn zu sein. Der Blick wird klar, das Gespenst ist vertrieben, der helle Morgen ist da, aber zur Aussendung in alle Welt bleibt immer noch ein seltsamer *Zwei*-Takt von Anbetung und Zweifel (Mt 28,17).

FRAGEN UND ANREGUNGEN FÜR DIE GRUPPENGESPRÄCHE

1.   Zur Psychologie des Petrus – ein *seltsam wackeliger „Fels" (Mt 16,18).*

2.   Nur Gegenwind? Wie schätzen wir die „meteorologische Lage" unserer Gemeinden im Jahr 2016 ein? Können wir überhaupt mitfühlen mit den Kirchen im Nahen Osten, die doppeltes und dreifaches Leid erfahren?

3.   Von der Begeisterung der Menge zum zweifelnden Petrus und zur bekennenden Jüngergemeinde: Wir denken über die verschiedenen Schattierungen des Glaubens nach:
–   Kleinglaube,
–   Zweifel,
–   Unglaube,
–   Kleinmut,
–   Wagemut …

V

Es geht um mehr als Millionen – Vergebung jenseits aller Berechnung

(Mt 18,23–35)

Von der Vergebung

23 Darum gleicht das Himmelreich einem König, der mit seinen Knechten abrechnen wollte.

24 Und als er anfing abzurechnen, wurde einer vor ihn gebracht, der war ihm zehntausend Zentner Silber schuldig.

25 Da er's nun nicht bezahlen konnte, befahl der Herr, ihn und seine Frau und seine Kinder und alles, was er hatte, zu verkaufen und damit zu bezahlen.

26 Da fiel ihm der Knecht zu Füßen und flehte ihn an und sprach: Hab Geduld mit mir; ich will dir's alles bezahlen.

27 Da hatte der Herr Erbarmen mit diesem Knecht und ließ ihn frei, und die Schuld erließ er ihm auch.

28 Da ging dieser Knecht hinaus und traf einen seiner Mitknechte, der war ihm hundert Silbergroschen schuldig; und er packte und würgte ihn und sprach: Bezahle, was du mir schuldig bist!

29 Da fiel sein Mitknecht nieder und bat ihn und sprach: Hab Geduld mit mir; ich will dir's bezahlen.

30 Er wollte aber nicht, sondern ging hin und warf ihn ins Gefängnis, bis er bezahlt hätte, was er schuldig war.

31 Als aber seine Mitknechte das sahen, wurden sie sehr betrübt und kamen und brachten bei ihrem Herrn alles vor, was sich begeben hatte.

32 Da forderte ihn sein Herr vor sich und sprach zu ihm: Du böser Knecht! Deine ganze Schuld habe ich dir erlassen, weil du mich gebeten hast;

33 hättest du dich da nicht auch erbarmen sollen über deinen Mitknecht, wie ich mich über dich erbarmt habe?

34 Und sein Herr wurde zornig und überantwortete ihn den Peinigern, bis er alles bezahlt hätte, was er ihm schuldig war.

35 So wird auch mein himmlischer Vater an euch tun, wenn ihr einander nicht von Herzen vergebt, ein jeder seinem Bruder.

---

1. DIE GROSSE FINANZWELT ALS GLEICHNIS FÜR DAS REICH GOTTES

Wir sind daran gewöhnt, dass Jesus uns Gleichnisse aus dem Alltagsleben, besonders aus dem häuslichen Leben erzählt und diese auf das Reich Gottes hin deutet und durchsichtig macht. Dabei geht es zum Beispiel um ein verlorenes Schaf, um einen verlorenen Groschen, um strahlend schöne Blumen, um zerrissene Fischernetze oder um einen gärenden Klumpen Sauerteig.

Auch unser Gleichnis vom Umgang mit kleiner und großer Schuld des Nächsten könnte bei einer überschaubaren Schuld von 100 Silbergroschen (Denare) verweilen; wie beim zweiten Schuldner. Er setzt aber beim ersten Schuldner eine Schuld von 10.000 Zentnern Silbergeld (dies entspricht einer Summe von 6.000.000 Denaren) voraus, um deutlich zu machen, wie viel Gott uns zu treuen Händen gibt, und dass wir in seinem Königreich im Reich eines großzügigen Königs leben.

In diesem Milieu geht es dann um Bilanzen und Abrechnungen, um Zahlungsunfähigkeit, um Schuldhaft, ja um sogar um Folterung und Gefängnis. Vor allem geht es aber um Schuldenerlass; wo liegt die Grenze göttlicher Freigebigkeit? Wie sieht die Summe und Bilanz eines Lebens aus, das sich Gott verdankt und ihm doch unendlich viel schuldig bleibt?

2.   Es geht um Millionen (V. 23–27)

Das Gleichnis steigt gleich mit einer großen Summe ein. Ein König hatte Geld verliehen an einen ihm offenbar sehr vertrauten und vertrauenswürdigen Verwalter und erwartete nun die Abrechnung und den Zinsertrag. Dabei stammt das Gleichnis aus einer Zeit, in der es mittlerweile in den römischen Kolonien riesige Güter gab. Der Verwalter kann also kein kleiner Sklave gewesen sein, sondern eher ein Manager mit Prokura, der zwar in Abhängigkeit, aber doch auch in großer Freiheit handeln kann. Die ihm geliehene Summe entspricht nämlich dem jährlichen Steueraufkommen der gesamten Provinz Syrien. Das übersteigt im Alltag jedes Vorstellungsvermögen, aber es macht doch deutlich, wie viel Spielraum sich Gott bei der Begabung seiner „Manager" leistet und wie viel Spielraum er den von ihm abhängigen Verwaltern gewährt. Der erste Sklave in unserem Gleichnis ist also zu einem ganz wichtigen Wirtschaftsmann aufgestiegen; er ist der Prototyp eines von Gott begabten und begnadeten Menschen.

3.   Zahlungsunfähigkeit ohne jede Chance – hoffnungslos bankrott

Dieser vertrauenswürdige Mitarbeiter wird nun von heute auf morgen ein armer Mann, da er sich um den Ertrag des ihm gewährten Kredits nicht gekümmert hat. So muss der König völlig überrascht sein darüber, dass unterm Strich ein „Ertrag" von 0 Denaren herauskommt und sein bester Mann zahlungsunfähig ist.

Aber der König ist nicht nur ein reicher, sondern auch ein warmherziger Großgrundbesitzer. Er hat die Zahlungsunfähigkeit seines Knechtes vor Augen. Er sieht die Lage der daran hängenden Familie, denn die müsste im Ernstfall haften. Aber wie sollte sie, selbst eine große Sippe, so viele Arbeitstage leisten können, um für den Schuldner einzuspringen?! Die Sippe würde 200.000 Arbeitstage brauchen. So kämen also auch alle zusammen mit ihrer Lebensarbeitszeit nie und nimmer aus, um alles zurückzuzahlen.

Um ein Talent (eine Geldeinheit von etwa 6.000 Denaren) zu verdienen, musste ein Tagelöhner 20 Jahre lang arbeiten, bei einem Tageslohn von einem Denar (wie in Mt 20,2 angenommen). Dann hätte ein Tagelöhner zur Abzahlung von 10.000 Talenten Silber, wie in unserem Gleichnis als Schuld angenommen, insgesamt 200.000 Jahre arbeiten müssen, um schuldenfrei zu werden. Auch wenn man Familienmitglieder, wie damals üblich, zur Begleichung von Schulden als Sklaven verkauft, so bekäme man die Riesenschuld dieses Managers nicht in den Griff (vgl. zur Umrechnung: Neues Testament und Psalmen. Neue Genfer Übersetzung, Stuttgart, 3. Aufl. 2013, S. 38).

Diese Aussichtslosigkeit sehend gewährt er dem vor ihm knienden Schuldner kompletten Schuldenerlass. Er schenkt ihm Freiheit, also ein Leben ohne Altlasten. Auch nicht ein bisschen von der aufgelaufenen Schuld will er zurückhaben, auch nicht symbolisch ein paar Sozialstunden.

Mit einem Wort ist alles erledigt, alle Schuld gestrichen und gelöscht. Wenn das Gleichnis hier zu Ende wäre, so wäre es tröstlich und aussagekräftig genug: So radikal ist Gottes Barmherzigkeit.

Seine Gnade ist orientalisch reich, im Grunde menschlich unvorstellbar.

Aber die Geschichte geht weiter, auch der Begnadete hat eine Geschichte, in der sich erfahrene Barmherzigkeit bewähren und auswirken soll.

4. DIE ERFAHRENE BARMHERZIGKEIT UND UNERTRÄGLICHE HARTHERZIGKEIT

Man sollte meinen, unser ehemaliger Schuldner würde überfließen vor Mitleid, Menschenfreundlichkeit und Großzügigkeit, aber das Gegenteil ist der Fall. Es ist so, als hätte er seine eigene Geschichte mit dem König komplett vergessen. Als er bei dem reichen König zur Tür hinauskommt, da ist alles wie weggeblasen. Er, der auf Knien um sein eigenes Leben betteln musste, geht mit seinem Mitdiener unvorstellbar hart um. Auch der fällt nun nieder und bittet um Geduld. Der gerade noch Begnadete will aber nicht, sondern geht ihm an die Gurgel und wirft ihn ins Gefängnis. Und dabei geht es doch nur um 100 Arbeitstage Sklavenarbeit. Selbst darauf will er nicht warten. Und so bleibt nur das Gefängnis. Obwohl es sich doch um eine überschaubare Schuld (1 Denar entspricht dem Arbeitstag eines Tagelöhners) handelt. Dafür zerstört der die ganze Existenzgrundlage seines Mitdieners. Er zerstört auch das gesamte Klima der Barmherzigkeit, in dem er lebt. Welch ein Temperatursturz von der Gnade des Königs zur Härte dieses Knechtes.

5. IM REICH DER GNADE UNMÖGLICH!

Das harte Handeln des gerade noch begnadeten Knechtes schlägt in seinem Lebensumfeld Wellen. Die anderen Knechte halten diesen Stil für unerträglich und erzählen das auch dem Herrn.

Und der greift durch, denn als sein erster Manager ihm ein zweites Mal vorgeführt wird, kennt er kein Erbarmen. Er hat grenzenlose Gnade gezeigt, aber sein Manager hat diese Gnade in seinem eigenen Leben weder wirken noch fließen lassen.

Er tut so, als ob er nichts empfangen hätte. So treffen ihn der Zorn des Königs und lebenslange Haft – auch wenn der König weiß, dass „lebenslang" hier gar nicht weiterhilft, um an die Schuldensumme heranzukommen.

6. GRENZEN DER GNADE?

Der Kontext unseres Gleichnisses ist wichtig. Wir sind mit Jesus unterwegs nach Jerusalem. Gerade auf dem Weg ins Leiden stellen die Jünger ihm Fragen, die unpassend erscheinen, zum Beispiel die Frage nach der Größe im Reich Gottes oder die Frage nach der Großzügigkeit im Vergeben. Dabei steht die Großmütigkeit des Erlösers im Gegensatz zur Kleinlichkeit seiner Gemeinde. Diese Gemeinde scheint penibel Buch zu führen über die Sünden der anderen, auch werden Streitfälle gnadenlos – vielleicht auch vor weltlichen Gerichten – durchgezogen. Immer wieder wird eigene Schuld unterschätzt und fremde Schuld überschätzt.

So ergeben sich auf dem Weg nach Jerusalem einige Instruktionen für eine Gemeindeordnung im Angesicht des Kreuzes und der Auferstehung: „Hör auf, mit den Schulden der anderen zu kalkulieren" – das könnte das Motto sein. Johann Hinrich Wichern würde von „Stockungen im Reich der Gnade" sprechen.

Es ist nur schwer zu verstehen, dass Gleichnisse, die mit großzügigen Einladungen und/oder großzügigen Krediten beginnen – wie zum Beispiel das Gleichnis vom großen Gastmahl und hier das Gleichnis von den beiden Schuldnern –, dann so ernst enden: Auf einmal wertet der Herr das fehlende Festkleid beim Gastmahl unheimlich hart. Auf einmal hat der König kein Interesse mehr an Begnadigung, sondern bleibt unerbittlich. Könnte nicht in beiden Fällen noch einmal Gnade vor Recht ergehen, zumal das Gleichnis unter dem Leitgedanken „nicht 7-mal, sondern 7 mal 70-mal" steht (18,21–22)? Wir können darauf nur schließen, dass Gottes Gnade souverän ist. Wir dürfen aus extrem großzügiger Gnade nicht billige Gnade machen, sondern müssen auch als Gemeinde Jesu Gnade ernst nehmen und weiterreichen.

FRAGEN UND ANREGUNGEN FÜR DIE GRUPPENGESPRÄCHE

Wir könnten uns bei der Besprechung auf drei Perspektiven konzentrieren:
1. auf das Gottesbild dieses Gleichnisses Jesu,
2. auf das Menschenbild,
3. auf das Gemeindebild.

Zu 1:
Besonders auffällig ist, dass Gott wie ein König seine Menschen „hoffnungsvoll begabt" und restlos freispricht; ein Wort genügt, und der Weg in die Zukunft ist frei.

Zu 2: Unbegreiflich ist dem gegenüber die Hartherzigkeit des Freigesprochenen. Er ist der Mann, der den „Splitter im Auge des anderen" penibel herauszieht und den „Balken im eigenen Auge" übersieht (vgl. Mt 7,3).

Zu 3: Die Gemeinde soll das Klima göttlicher Barmherzigkeit ausstrahlen. Sie soll alle „Stockungen" (J.H. Wichern) der Gnade bekämpfen. Gottes Großzügigkeit soll weiterfließen, und das gilt sogar über das harte Gerichtsende unserer Beispielgeschichte hinaus, wie die Antwort an Petrus (Mt 18,21–22) zeigt: „Hört auf zu rechnen und zu berechnen!"

VI
Der Menschensohn und seine kleinen Brüder

(Mt 25,31–46)

Vom Weltgericht

31   Wenn aber der Menschensohn kommen wird in seiner Herrlichkeit und alle Engel mit ihm, dann wird er sitzen auf dem Thron seiner Herrlichkeit,

32   und alle Völker werden vor ihm versammelt werden. Und er wird sie voneinander scheiden, wie ein Hirt die Schafe von den Böcken scheidet,

33   und wird die Schafe zu seiner Rechten stellen und die Böcke zur Linken.

34   Da wird dann der König sagen zu denen zu seiner Rechten: Kommt her, ihr Gesegneten meines Vaters, ererbt das Reich, das euch bereitet ist von Anbeginn der Welt!

35   Denn ich bin hungrig gewesen, und ihr habt mir zu essen gegeben. Ich bin durstig gewesen, und ihr habt mir zu trinken gegeben. Ich bin ein Fremder gewesen, und ihr habt mich aufgenommen.

36   Ich bin nackt gewesen, und ihr habt mich gekleidet. Ich bin krank gewesen, und ihr habt mich besucht. Ich bin im Gefängnis gewesen, und ihr seid zu mir gekommen.

37   Dann werden ihm die Gerechten antworten und sagen: Herr, wann haben wir dich hungrig gesehen und haben dir zu essen gegeben, oder durstig und haben dir zu trinken gegeben?

38   Wann haben wir dich als Fremden gesehen und haben dich aufgenommen, oder nackt und haben dich gekleidet?

39   Wann haben wir dich krank oder im Gefängnis gesehen und sind zu dir gekommen?

40   Und der König wird antworten und zu ihnen sagen: Wahrlich, ich sage euch: Was ihr getan habt einem von diesen meinen geringsten Brüdern, das habt ihr mir getan.

41   Dann wird er auch sagen zu denen zur Linken: Geht weg von mir, ihr Verfluchten, in das ewige Feuer, das bereitet ist dem Teufel und seinen Engeln!

42   Denn ich bin hungrig gewesen, und ihr habt mir nicht zu essen gegeben. Ich bin durstig gewesen, und ihr habt mir nicht zu trinken gegeben.

43   Ich bin ein Fremder gewesen, und ihr habt mich nicht aufgenommen. Ich bin nackt gewesen, und ihr habt mich nicht gekleidet. Ich bin krank und im Gefängnis gewesen, und ihr habt mich nicht besucht.

44   Dann werden sie ihm auch antworten und sagen: Herr, wann haben wir dich hungrig oder durstig gesehen oder als Fremden oder nackt oder krank oder im Gefängnis und haben dir nicht gedient?

45   Dann wird er ihnen antworten und sagen: Wahrlich, ich sage euch: Was ihr nicht getan habt einem von diesen Geringsten, das habt ihr mir auch nicht getan.

46   Und sie werden hingehen: diese zur ewigen Strafe, aber die Gerechten in das ewige Leben.

Die letzten Kapitel des Evangeliums bis zum Schrei Jesu am Kreuz sind bestimmt von Endzeitgedanken. Es geht um das Ende des Tempels, um das Ende der Heiligen Stadt und um das drohende Ende der christlichen Gemeinde durch Verfolgung. Es geht aber auch um das Ende und Ziel jeden Menschenlebens vor dem Richterstuhl Gottes; dieser hat die Konturen des Menschensohnes, der der Weltenrichter ist (Dan 7,13). Es geht also um die rechte Einschätzung der am Ende noch gegebenen Zeit, um die rechte Aufmerksamkeit für den Herrn, und darin eingeschlossen die rechte Aufmerksamkeit für Menschen in offensichtlicher Not.

Dabei wird immer wieder betont, dass die Zeit noch läuft und das Ende noch nicht da ist (Mt 24,6). „Die Geschichte Jesu Christi" (1,1) geht also über das Ende des Tempels und seine Entweihung, über die Zerstörung der heiligen Stadt und über die endzeitliche Anfechtung der christlichen Gemeinde hinaus. Ja, sie reicht bis zum Ende der ganzen Welt und darüber hinaus, denn der Menschensohn ist auch der Herr der Zeit und die maßgebliche Autorität im Endgericht. Die Geschichte Jesu Christi mündet also in den Ostermorgen (28,1), und die dann folgende erneute Aussendung von Galiläa aus (28,16) bis an das Ende der Erde reicht bis an das Ende der Zeit. Die Jesusgeschichte geht also über in die Missionsgeschichte (Mt 28,16–20).

2.   Die grosse Überraschung

Wir müssen immer wieder neu auf die positiven Aspekte der Gerichtsrede achten, sonst sind wir gleich von Teufel, Fluch und Gericht umgeben und sehen das positive Ziel der Gerichtsrede Jesu nicht mehr. Sie beginnt nämlich mit den „positiv Überraschten", die gar nicht damit gerechnet hatten, dem Menschensohn in ihren Erdentagen so oft zu begegnen. Sie hatten mit einer Begegnung auf höherer Ebene gerechnet: mit dem Menschensohn als Weltenrichter in großer Herrlichkeit und mit königlichem Gefolge vieler Engel. Sie hatten nicht damit gerechnet, den kommenden Weltenrichter als geringen Bruder in Gestalt von Hungrigen, Armen, Gefangenen und Fremden zu treffen. Sie haben aber Menschen in unterschiedlicher Not – hier werden zunächst sechs kritische Lebenssituationen aufgeführt – wahrgenommen, ernst genommen und angenommen. Sie haben nicht gedacht oder gesagt: „Da nehme ich mir nichts von an" und ihre Hände in Unschuld gewaschen. Sie haben zwar hinter der Armut, der Gefangenschaft und dem Fremdsein kein göttliches Geheimnis erkannt oder durchschaut, sondern ganz schlicht menschliches Elend auf sich wirken lassen, sonst wären sie jetzt nicht dermaßen überrascht. Aber sie haben doch ihre Augen, Herzen und Hände aufgemacht und getan, was sie konnten. Sie haben die menschliche Katastrophe als solche an ihr Gefühlsleben und ihr Vorstellungsvermögen herangelassen und nicht abgeschaltet. Auf diese Weise haben sie Gott in Gestalt eines geschundenen Menschenkindes selbst gefüttert, bekleidet, beherbergt und besucht. Sie haben eine Vorabbegegnung mit dem König der Welt, dem Weltenrichter, gehabt und ihm in seinem Inkognito weitergeholfen. Jetzt, am Ende der Tage, erfahren sie das ganze Geheimnis. Sie erfahren die große Bestätigung ihres Dienstes am Menschen. Ihre Diakonie geschah ganz selbstverständlich. Sie trafen auf Menschen, die Hilfe brauchten. Sie lebten im Milieu des Menschensohnes, und so kamen sie zu „Werken der Barmherzigkeit", die ganz in die Domäne Jesu gehören, wie die am Anfang der Bergpredigt glückselig gepriesenen Menschengruppen zeigen. Ihre linke Hand wusste nicht, was ihre Rechte tat, aber diese Rechte tat das Rechte.

3. Die grosse Enttäuschung

Da geht es der Gruppe zur Linken des Weltenrichters ganz anders: Sie verstehen nicht – immer noch nicht –, wo sie den Menschensohn übersehen haben könnten. Aber sie haben in der Tat ihr Herz hart und dicht gemacht und haben so an der Gegenwart Jesu in seinen geringsten Brüdern vorbei gelebt. Ihre große Sünde ist die Sünde der Unterlassung: die Blindheit und Härte, die man dem eigenen Herzen angewöhnt, wenn man nicht im Milieu Jesu lebt, wenn man vermeintlich geringe Menschen nicht ernst nimmt.

So lässt der Weltenrichter ihre Entschuldigung nicht gelten, denn sie hätten genauer hinsehen, mitfühlen und mithelfen können. So aber können sie vor dem Gericht nicht bestehen. Oder können sie diese neue Sicht auf die Lage der Menschen noch nachholen? Es ist noch Zeit – vor dem Ende der Zeit.

4. Endgültige Verurteilung oder erneute Ermahnung und Ermutigung?

Das Gleichnis kann ja nicht für die erzählt sein, für die alles schon gelaufen und zu spät ist. Dann wäre es einerseits eine Selbstrechtfertigung für die, die ihre Augen offengehalten haben – und dieser Geist des Stolzes und der Selbstbestätigung passt nicht zu Jesus. Andererseits könnte es eine Endabrechnung mit denen sein, die auf der ganzen Linie blind waren und versagt haben. Ihre Augen, Herzen und Hände werden geöffnet, aber zu spät. Aber dazu erzählt Jesus dieses Gleichnis nicht; er will das große „zu spät" verhindern. Wir sollten beachten, dass auch dieses Gleichnis vor der Karfreitagsfinsternis und vor dem Ostermorgen erzählt wird für die, die jetzt zur Gemeinde gehören oder bald gehören werden und die Geschichte Jesu Christi ernst nehmen. Am Ende des Gleichnisses steht nicht ein Punkt, sondern ein Doppelpunkt: Sollen die Weltgeschichte und die Gemeindegeschichte so blind weitergehen? Das Ziel des Gleichnisses ist nämlich die Ermutigung zum nächsten Schritt auf die kleinen Brüder Jesu zu; bei Enttäuschungen, Selbstrechtfertigungen und auch bei Bestätigungen dürfen wir nicht stehen bleiben. Es ist ein Aufbruchsgleichnis.

5. Ecce Homo! Seht – ein Mensch!

Wie in den Glückseligpreisungen der Bergpredigt geht es auch bei den „sechs Werken der Barmherzigkeit" wieder um Menschen, die in Not waren oder die sich um Menschen in Not gekümmert haben. Wir tun gut daran, nicht im Allgemeinen zu verbleiben, und die hier aufgezählten Gruppen nur stichwortartig zu beschreiben, sondern sie uns wirklich konkret vor Augen zu führen.

Da sind zunächst die Hungrigen und Durstigen. Es kann um Trockenheit und Dürre gehen, aber auch um bewussten Raub und um Beschlagnahmung von Ernten durch Besatzungstruppen. In unserer Vorstellung dürfen sich ruhig mehrere Ebenen mischen: der Hunger zurzeit Jesu, der Hunger in der dann folgenden Kirchen- und Diakoniegeschichte und in der Zeit, in der wir leben. Wir haben mühsam Spenden gesammelt für Menschen in Not, weit weg, und auf einmal stehen täglich Tausende solcher Menschenkinder vor unserer Tür, an unseren neuen Grenzen – und wir wissen weder aus noch ein. Wir müssen in so vielen Bereichen umdenken und umschalten. Und wir müssen dem erweiterten Sinn von Hunger und Durst nachdenken. Zu Hunger gehören auch Arbeits- und Beschäftigungsmöglichkeiten. Zu Durst gehört auch die Sehnsucht nach Annahme und Achtung. Wie viele Asylanten haben bezeugt, dass sie auch eine Sehnsucht nach Liebe mitgebracht haben, manchmal auch nach der Vaterliebe Gottes im Gegensatz zu einem harten Gottesbild.

Hier ist die christliche Gemeinde ganz neu dazu aufgerufen, Hunger und Durst in ihren vielfältigen Gestalten neu zu identifizieren. Da kann ein gemeinsames Essen, selbst ohne jegliche Sprachbrücke, Gemeinschaft und Freundschaft entstehen lassen. Und die Bereitschaft dazu ist unter uns da: Es kann sein, dass in drei Gemeindebezirken sich mehr als 100 Leute bereit erklären, mit anzupacken, z.B. für ein Baby und eine junge Mutter stundenlang anzustehen, um die Berechtigung für einen Arztbesuch zu bekommen, um dann noch einmal anzustehen, um einen Arzttermin zu bekommen und sie schließlich zu diesem Arztbesuch zu begleiten.

Nach den *Hungrigen und Durstigen* werden die *Zerlumpten* genannt, die zum Beispiel nach einer längeren Schlauchbootfahrt nur mit einer Wolldecke bekleidet am anderen Ufer ankommen.

Und es werden die *Kranken* genannt, die *Fremden* und die *Gefangenen*. Wenn niemand sich verantwortlich fühlt, dann geht es nicht gut weiter. Die Bereitschaft zur Begegnung mit dem Menschensohn schließt auch die Bereitschaft ein, sich selbst für zuständig zu erklären. Das muss nicht zu organisatorischem Chaos führen, weil gerade die schon Zuständigen dankbar sind für jeden, der ihnen verbindlich eine Teilaufgabe abnimmt.

Klassisch zählt man sieben Werke der Barmherzigkeit auf – es fehlt in unserer Liste die Barmherzigkeit an den Toten, also das Werk *Verstorbene bestatten*. Das war in früheren Zeiten – und ist auch heute noch so – äußerst wichtig, jemanden nicht einfach tot in freier Landschaft oder am Strand liegen zu lassen. Heute ist dies sogar verboten. Es gibt zwar viele Zuständige, dennoch kann es sein, dass manchmal die Bahnhofsmission die einzige Organisation ist, die sich um die Bestattung eines auf der Straße Verstorbenen kümmert und ihm die letzte Ehre erweist. Wie etwa die Bestattung eines Mannes, der kurz zuvor noch, auf einem Kellerrost sitzend, seine Hände an einer angezündeten Zeitungsseite wärmt, aber völlig durchgesessen und durchnässt ist.

In einer frühkirchlichen Ordnung aus Syrien werden die Aufgaben des von der Gemeinde angestellten Diakons beschrieben: Er soll nicht nur Obdachlose in einer Herberge der Gemeinde (sie hatte offenbar eine!) unterbringen, sondern auch, wenn die Gemeinde auf einer Insel oder am Meer lag, dort regelmäßig patrouillieren und angeschwemmte Leichen ehrenvoll beerdigen: Er soll sie waschen, kleiden und *schmücken*!

FRAGEN UND ANREGUNGEN FÜR DIE GRUPPENGESPRÄCHE

Die folgenden drei Listen zu den Werken der Barmherzigkeit wurden von Christian Baron, dem Vorsitzenden der katholischen Bahnhofsmission auf einer Tagung zu „100 Jahre Zusammenarbeit zwischen katholischer und evangelischer Bahnhofsmission" im Herbst 2014 in Bad Herrenalb vorgelegt.

1. Die sieben leiblichen Werke der Barmherzigkeit (nach Thomas von Aquin)

1. Hungernde speisen,
2. Durstige tränken,
3. Nackte bekleiden,
4. Fremde aufnehmen,
5. Kranke besuchen,
6. Gefangene befreien,
7. Tote bestatten.

2. Die sieben geistigen Werke der Barmherzigkeit (nach Augustinus)

1. Unwissende lehren,
2. Zweifelnden raten,
3. Irrende zurechtweisen,
4. Trauernde trösten,
5. Unrecht ertragen,
6. Beleidigungen verzeihen,
7. Für Lebende und Tote beten.

3. Eine neue Interpretation zu den Werken der Barmherzigkeit durch Bischof Wanke (Erfurt)

Einem Menschen sagen:
– „Du gehörst dazu."
Es macht unsere Gesellschaft oft kalt und unbarmherzig, dass Menschen an den Rand gedrückt werden: Die Arbeitslosen, die Ungeborenen, die psychisch Kranken, die Ausländer. Das Signal, auf welche Weise auch immer ausgesendet, „du

bist kein Außenseiter! Du gehörst zu uns!", hat höchste Aktualität. Wir müssen noch mehr in den Bahnhofsmissionen darauf achten, Menschen nicht auszuschließen, sondern sie mitzunehmen.

– *„Ich höre dir zu."*
Eine oft geäußerte Bitte lautet: „Habt doch einmal etwas Zeit für mich!" Viele klagen: „Ich bin so allein! Niemand hört mir zu!" Die Hektik des heutigen Lebens, die Ökonomisierung aller Dienstleistungen zwingen zu möglichst schnellem und abrechenbarem Handeln. Zeithaben und Zuhören können sind Werke der Barmherzigkeit und paradoxerweise gerade im Zeitalter technisch perfekter, hochmoderner Kommunikation so notwendig wie nie zuvor.

– *„Ich rede gut über dich."*
Es gibt gottlob immer Leute, die zunächst einmal das positive am anderen, an einem Sachverhalt, an einer Herausforderung sehen. Natürlich: Man muss auch gelegentlich den Finger auf Wunden legen, Kritik üben und Widerstand anmelden. Was aber heute oft fehlt, ist die Hochschätzung des anderen, ein grundsätzliches Wohlwollen für ihn und sein Anliegen und die Achtung seiner Person. Gut über Menschen reden: Ob das nicht uns allen wohl gut zu Gesicht stünde?

– *„Ich gehe ein Stück mit dir."*
Vielen ist mit gutem Rat allein nicht geholfen. Es bedarf in der komplizierten Welt von heute oft eines Mitgehens der ersten Schritte, bis der andere die Kraft hat, allein weiter zu gehen. Sie brauchen Begleiter, die ihnen Rede und Antwort stehen und die ein Stück des möglichen Weges mit ihnen mitgehen.

– *„Ich teile mit dir."*
Es wird auch in Zukunft keine vollkommene Gerechtigkeit auf Erden geben. Es braucht auch morgen Hilfe für jene, die sich selbst nicht helfen können. Das Teilen von Geld und Gaben, von Möglichkeiten und Chancen wird in einer Welt noch so perfekter Fürsorge notwendig bleiben. Wie sagt die Volksweisheit? „Geteiltes Leid ist halbes Leid, geteilte Freude ist doppelte Freude!"

– *„Ich besuche dich."*
Wir sollten, da wo es möglich ist, hinter ihren Türen nach den Menschen schauen, z.B. sie auch mal in ihren Unterkünften, in den Obdachlosenheimen aufsuchen.

– *„Ich bete für dich."*
Wer für andere betet, schaut auf sie mit anderen Augen. Er begegnet ihnen anders. Auch Nichtchristen sind dankbar, wenn für sie gebetet wird.

4.   Den Menschensohn erkennen

Eine Geschichte: Sie spielt im September 1941 in einer litauischen Stadt, als sämtliche Juden der Umgebung in einer Massenexekution ermordet wurden. Als der achtzehnjährige Zwi Michalowsky mit anderen in einer Reihe nackt am Rand der Grube steht, hat er sich die Abstände der Salven genau eingeprägt und stürzt sich Sekundenbruchteile vor den tödlichen Schüssen hinunter. In der Nacht arbeitet er sich aus den Leichen heraus. „Am anderen Ende des Friedhofs in Richtung auf die große Kirche gab es ein paar christliche Familien. Zwi kannte sie alle. Nackt und blutbesudelt klopfte er an die erste Tür. Sie öffnete sich. Ein Bauer stand da mit einer Lampe in der Hand, die er am selben Tag aus einem jüdischen Haus geplündert hatte. ‚Bitte, lassen Sie mich ein', flehte Zwi. Der Bauer hielt die Lampe empor und musterte den Jungen eingehend. ‚Jude, geh zurück ins Grab, wo du hingehörst!' schleuderte er Zwi ins Gesicht und knallte ihm die Tür vor der Nase zu. Zwi klopfte an andere Türen, die Antwort war die gleiche.

Am Waldrand lebte eine Witwe. Er entschloß sich, an ihre Tür zu klopfen. Die alte Witwe öffnete. In ihrer Hand hielt sie ein brennendes Stück Holz. ‚Laß mich ein!' bettelte Zwi. ‚Jude, geh zurück ins Grab auf dem alten Friedhof!' Sie jagte Zwi mit dem brennenden Holzscheit, als ob sie einen bösen Geist … austreiben wollte. ‚Ich bin Euer Herr Jesus Christus, ich bin vom Kreuz herabgestiegen. Seht mich an – das Blut, die Schmerzen, das Leiden der Unschuldigen. Laßt mich ein!' sagte Zwi Michalowsky. Da bekreuzigte sich die Witwe und fiel zu seinen blutigen Füßen nieder. ‚Mein Gott, mein Gott', stammelte sie, immer wieder sich bekreuzigend. Die Tür wurde geöffnet.

Zwi trat ein. Er versprach, ihre Kinder zu segnen, ihren Hof und sie selbst, doch nur unter der Bedingung, daß sie seinen Besuch drei Tage und drei Nächte lang geheimhalten würde, und es keiner Menschenseele enthülle, nicht einmal dem Pfarrer. Die Witwe gab ihm Kleider, Essen und warmes Wasser, um sich zu waschen. Bevor er das Haus verließ, erinnerte er sie noch einmal daran, daß der Besuch des Herrn ein Geheimnis bleiben muß, und zwar seiner besonderen Mission auf Erden wegen.

In Bauernkleider gehüllt und mit Nahrungsvorräten für mehrere Tage versorgt, machte Zwi sich auf den Weg in den nahen Wald. So wurde die jüdische Partisanenbewegung in der Nähe von Eisysky geboren."[6]

6   *Yaffa Eliach*, Träume vom Überleben. Chassidische Geschichten aus dem 20. Jahrhundert, Freiburg i.Br. ³1989, S. 62–64. Den Hinweis auf diese Geschichte aus Litauen aus der Zeit der Judenverfolgung verdanke ich Herrn Prof. Dr. Klaus Wengst, Bochum.

VII
„Gott rollt den Stein von unsrem Tod"[7]

(Mt 27,45–56; 28,1–10)

Jesu Tod

45   Und von der sechsten Stunde an kam eine Finsternis über das ganze Land bis zur neunten Stunde.

46   Und um die neunte Stunde schrie Jesus laut: Eli, Eli, lama asabtani? Das heißt: Mein Gott, mein Gott, warum hast du mich verlassen?

47   Einige aber, die da standen, als sie das hörten, sprachen sie: Der ruft nach Elia.

48   Und sogleich lief einer von ihnen, nahm einen Schwamm und füllte ihn mit Essig und steckte ihn auf ein Rohr und gab ihm zu trinken.

49   Die andern aber sprachen: Halt, lass sehen, ob Elia komme und ihm helfe!

50   Aber Jesus schrie abermals laut und verschied.

51   Und siehe, der Vorhang im Tempel zerriss in zwei Stücke von oben an bis unten aus.

52   Und die Erde erbebte, und die Felsen zerrissen, und die Gräber taten sich auf und viele Leiber der entschlafenen Heiligen standen auf

53   und gingen aus den Gräbern nach seiner Auferstehung und kamen in die heilige Stadt und erschienen vielen.

54   Als aber der Hauptmann und die mit ihm Jesus bewachten das Erdbeben sahen und was da geschah, erschraken sie sehr und sprachen: Wahrlich, dieser ist Gottes Sohn gewesen!

55   Und es waren viele Frauen da, die von ferne zusahen; die waren Jesus aus Galiläa nachgefolgt und hatten ihm gedient;

56   unter ihnen war Maria von Magdala und Maria, die Mutter des Jakobus und Josef, und die Mutter der Söhne des Zebedäus.

Jesu Auferstehung

1   Als aber der Sabbat vorüber war und der erste Tag der Woche anbrach, kamen Maria von Magdala und die andere Maria, um nach dem Grab zu sehen.

2   Und siehe, es geschah ein großes Erdbeben. Denn der Engel des Herrn kam vom Himmel herab, trat hinzu und wälzte den Stein weg und setzte sich darauf.

3   Seine Gestalt war wie der Blitz und sein Gewand weiß wie der Schnee.

4   Die Wachen aber erschraken aus Furcht vor ihm und wurden, als wären sie tot.

---

7   Zitat aus dem Lied von *Wolfgang Vorländer*, Glauben heißt wissen, es tagt, in: Lebenslieder, hg. von CVJM-Gesamtverband in Deutschland e.V. durch Ulrich Parzany, Mundorgel Verlag Köln/Waldbröhl und Schriftenniederlage des ejw, Stuttgart 1991, Nr. 244, Str. 1 (siehe unten S. 45 mit Anm. 8).

5 ber der Engel sprach zu den Frauen: Fürchtet euch nicht! Ich weiß, dass ihr Jesus, den Gekreuzigten, sucht.

6 Er ist nicht hier; er ist auferstanden, wie er gesagt hat. Kommt her und seht die Stätte, wo er gelegen hat;

7 und geht eilends hin und sagt seinen Jüngern, dass er auferstanden ist von den Toten. Und siehe, er wird vor euch hingehen nach Galiläa; dort werdet ihr ihn sehen. Siehe, ich habe es euch gesagt.

8 Und sie gingen eilends weg vom Grab mit Furcht und großer Freude und liefen, um es seinen Jüngern zu verkündigen.

9 Und siehe, da begegnete ihnen Jesus und sprach: Seid gegrüßt! Und sie traten zu ihm und umfassten seine Füße und fielen vor ihm nieder.

10 Da sprach Jesus zu ihnen: Fürchtet euch nicht! Geht hin und verkündigt es meinen Brüdern, dass sie nach Galiläa gehen: Dort werden sie mich sehen.

1. MIT FURCHT UND GROSSER FREUDE

Matthäus hat an das Ende seines Evangeliums bewusst eine volltönende „Posaune zum Thema Weltmission" gestellt (Mt 28,16–20):

– *Alle Gewalt* im Himmel und auf Erden ist dem Jesus gegeben, der gerade am Kreuz noch so erbärmlich geschrien hat.

– *Alle Völker* sollen zu seinen Schülern werden.

– *Alle seine Weisungen* sollen weitergegeben und im Gedächtnis (Herz und Verstand) eingeprägt werden, damit in Gemeinde und Welt seine Weisungen wirken können.

– *Alle Tage* können seine Gesandten mit seiner Nähe und seiner Unterstützung rechnen – er entfernt sich nicht im Laufe der Zeit immer mehr von seiner Gemeinde und ihrer Mission; er bleibt in der Nähe, es ist seine Mission.

Dieses schöne, kompakte Finale scheint nun durch die Textauswahl zur Bibelwoche an Schwung und Zielstrebigkeit zu verlieren, da nicht das Thema Mission, sondern viele Fragen und Anfragen zum Thema Auferstehung und Sendung in diesen letzten Texten eine Rolle spielen. Da geht es einmal

– um die letzten Worte Jesu am Kreuz (27,46);

– um die Deutung dieses letzten Hilfeschrei auf Elia hin (27,47–50), so als würde Jesus an seinem Ende den „Schutzheiligen" und den prophetischen Garanten der Reformation in Israel zum Zeugen für die Richtigkeit seines Weges anrufen;

– um verschiedenen Endzeitphänomene, z.B. Erdbeben und Auferstehung der Toten (27,51–53);

– um ein erstes Glaubensbekenntnis eines Heiden (27,54).

Es geht aber vor allem

– um eine erste Auferstehungsbotschaft (28,1–10) an und durch Frauen, die schon seit Galiläa mit Jesus gewandert sind.

Das Evangelium endet auch nach unserer Textauswahl nicht mit Verzweiflung, mit bloßen Diskussionen über historische Tatbestände oder mit Gerüchten, auch nicht mit Betrugsvorwürfen, sondern – noch vor der Missionsposaune – mit der eindeutigen Zusage Jesu: „Seid gegrüßt!", „Fürchtet euch nicht!", „Geht hin und verkündigt es meinen Brüdern!" Und auf Seiten der Jüngerinnen, also der ersten Zeugen, bleibt es nicht bei der Furcht wie in Mk 16,8: „Und sie sagten niemandem etwas, denn sie fürchteten sich." Es überwiegt am Ende die Freude, besonders, als der Auferstandene die Szene betritt und seine erneute Erscheinung in Galiläa ankündigt. Die Freude ist stärker als die Furcht. Es ist dieselbe Freude wie in der Weihnachtsgeschichte. Schon bei der Geburt Jesu sagt der Engel ja: „Ich verkündige euch große Freude" (Lk 2,10). An Weihnachten bekommt die Erde Besuch, an Ostern bekommt die Erde einen Riss, und ihre festgefahrenen Strukturen werden aufgebrochen. Die Freude ist so stark, weil nichts beim Alten bleibt: Die Sünde, das Verderben und der Tod haben nicht mehr das letzte Wort, und die Elemente beginnen zu krachen. So stellen wir den volltönenden Missionsauftrag für eine Weile zurück und betrachten die frohe Botschaft von der Auferstehung inmitten von Gerüchten, Gerede und ersten Zeugnissen.

a)   Letzte Worte Jesu: Wo bleibt Gottes „letztes Wort"? (27,45–49)

Hier werden die letzten Worte Jesu zitiert, kein heldenhaftes Bekenntnis zu dem, was er gewollt hatte, sondern der Zusammenbruch seines Selbstbewusstseins, seiner Sendungsgewissheit. Es ist die Sprache des ungerecht Leidenden, dem kein Ohr mehr zuhört, keine Hand mehr hilft, kein Herz sich mehr öffnet – auch von Gottes Seite nicht? (Ps 22,2–3) Es ist der größte und letzte Schwächeanfall, den Jesus erlebt.
Man kann die Radikalität dieser Verzweiflung mildern, indem man betont, dass selbst dieser Verzweifelte noch eine Adresse hat, die er anrufen, ja anschreien kann (Ps 22,5–6). Aber da ist ja keine Antwort, der Himmel bleibt sprachlos und finster. Diese Geschichte geht erst mit der Auferstehung weiter. Die Antwort Gottes kommt spät.
So liegt der Urgemeinde viel daran, diese letzten Worte Jesu in seiner aramäischen Muttersprache zu dokumentieren. Sie zeigen: Jesus war ein Mensch, er war der leidende Menschensohn. Er war kein Held, sondern ein stellvertretend Leidender. Und gerade so konnte ihn ein römischer Zenturio für den Sohn Gottes halten.
Sicherlich wird man im Umfeld der christlichen Gemeinde darüber diskutiert haben: Wie ist er denn nun gestorben? Hat er in letzter Minute den Propheten Elia angerufen oder Gott selbst? *Eli* heißt übersetzt: „Mein Gott". Jedenfalls ist die schwächste Stelle in seiner Geschichte zugleich die stärkste Dokumentation der Liebe Gottes zu uns. So tief lässt sich Gott herab. Denn auf seinen Schrei des Verlassenseins hin klingt das Bekenntnis des Hauptmanns wie eine Bestätigung dieses Todes: Dieses Ende war sinnvoll und von entscheidender Bedeutung für alle Menschen.

b)   Die Welt, wie sie ist, wird nicht bleiben, wie sie ist (27,50–53)

Zugleich mit der inneren Erschütterung Jesu zeigt sich eine äußere Erschütterung der Welt als ganzer: Die Erde wird finster, die Felsen zerreißen, die Gräber tun sich auf, und das Allerheiligste wird aufgerissen; kein schützender Vorhang mehr, keine Sperre zwischen Gott und den Menschen. Auch zeigen sich die die Kräfte der Auferstehung darin, dass schon einige „entschlafene Heilige" in der heiligen Stadt erscheinen; dort herrschen für eine gewisse Zeit apokalyptische, endzeitliche Zustände. „Dann werden die Himmel zergehen mit großem Krachen; die Elemente aber werden vor Hitze schmelzen … Wir warten aber auf einen neuen Himmel und eine neue Erde nach seiner Verheißung, in denen Gerechtigkeit wohnt" (2Petr 3,10–11). Vorübergehend und vorläufig wird zwischen Karfreitag und Ostern deutlich, dass der Tod keine Macht mehr hat. Woher Matthäus diesen Bericht über die vorweggenommene Endzeit hat, wissen wir nicht, das müssen wir offen lassen.

c)   Credo im Angesicht des Endes der Welt (27,54)

Den letzten Worten Jesu entsprechen die letzten Worte des Hauptmanns, die völlig überraschend kommen, weil er ja mitgeholfen hat bei der Exekution. Meint er sein Credo nun als Nachruf, im Sinne von „Er ist Gottes Sohn *gewesen*"? Oder meint er es als Reue im Sinne von „Wir haben uns alle vertan in unserer Einschätzung; er war aber doch ein außerordentlicher und begabter Mensch und wird sicherlich bald zu einem der Götter erklärt werden"? Jedenfalls können über das Bekenntnis des Zenturio noch viele Menschen nachdenken und zum Glauben an Jesus kommen. Dieses Credo ist offen für eine tiefere Bedeutung. Denn zu „Gottessöhnen" konnten in der hellenistischen Welt zwar viele hervorragende Menschen aufsteigen – es gab viele Götter und Gottessöhne –, aber vielleicht gab es dann doch nur einen Sohn, der Gott gleich ist und so tief herabsteigt.

d)   Auferstehung Jesu als Ende der alten Welt (28,1–4)

Nun geschieht aber etwas ganz Außerordentliches: Noch einmal, wie in der Todesstunde Jesu, geraten die Kräfte und Mächte der Erde in Aufruhr und Unordnung. Der Grabstein wird von gewaltiger Hand weggerollt, und die Licht- und Blitzgestalt des Engels des Herrn, der die großen Werke Gottes als seine rechte Hand ausführt, setzt sich triumphierend auf den Stein, so als wäre dieser ein Podest für einen Sieger.

Der Evangelist stellt wie die Evangelisten Markus und Lukas die Begegnung mit dem Lebendigen, Auferstandenen und Gekreuzigten an das Ende seines Evangeliums. Er stellt dabei folgende Personen heraus:

–   Da sind die *Frauen*, die zum Grab kommen: Sie gingen hin zur Grabpflege und kamen zurück als Botschafterinnen des lebendigen Jesus.

–   Die *Soldaten* kriegen das alle nicht mit; sie fallen in eine Todesstarre. Sie werden erwähnt, weil an ihnen beispielhaft deutlich wird, welche Kräfte die himmlischen Mächte – hier der Engel des Herrn – im Vergleich zu irdischen Mächten und Gewalten haben.

– Auch der *Engel* wird zum Botschafter des Lebendigen, der nicht mehr im Gräberfeld ist, sondern schon auf dem Weg einer neuen Mission nach Galiläa. Es wird nicht erzählt, dass die Frauen die Gestalt des Engels wahrgenommen hätten. Nicht über ihre Visionen, sondern über ihre *Auditionen* (Hörgeschehen) berichtet der Evangelist. Dass dieser selbst die Auferstehung mit eigenen Augen gesehen hätte, wird auch nicht berichtet. Dies alles bleibt offen.

e)   Die geduldigsten Nachfolgerinnen als erste Zeugen der Auferstehung (27,55–56)

Am Schluss des Weges Jesu gebührt einigen Frauen aus Galiläa die Ehre, dass sie bis zum Ende dabeigeblieben sind und durchgehalten haben. Sie werden namentlich genannt: Maria aus der Stadt Magdala und eine andere Maria, die Mutter des Jakobus und Joseph, und schließlich die Mutter zweier Jünger, nämlich der Söhne des Zebedäus. Sie haben Jesus und seinen Nachfolgern auch materiell gedient und geholfen (Lk 8,1–3). Waren sie auch am Ende des Weges Jesu nicht davon überzeugt, dass dies das Ende gewesen wäre (Mt 27,61)? Sie hielten zwar eine Art Totenwache, sollten aber bald darauf die Auferstehung weitersagen.

So werden diese Frauen zu Schlüsselfiguren der weiteren Missionsgeschichte, obwohl sie eigentlich nicht mehr wollten, als Jesus die letzte Ehre erweisen, also an ihm ein Werk der Barmherzigkeit ausüben (Tote bestatten). Denn wie einen Verbrecher, blutverschmiert, kann man Jesus doch nicht liegen lassen – zwar in einem edlen Grab, zwar bewacht von einem Militärkommando, aber doch nicht im Sinne einer Ehrenwache für einen berühmten Toten, sondern als Schutz vor Leichenraub und Betrug.

f)   Von der Grabpflege zur Auferstehungsbotschaft (28,5–10)

Die Frauen hören die Osterbotschaft in Form von lauter Trostworten, die ihnen der Engel des Herrn sagt:
– „Fürchtet euch nicht!"
– „Er ist nicht hier. Er ist auferstanden."
– „Kommt her und seht, wo er gelegen hat!"
– „Geht eilends hin und sagt dies seinen Jüngern!"
Sie rennen. Zweimal wird das betont, dass sie eilends gehen (V. 7 und 8). Sie werden aber auf dem Weg zur wartenden Jüngerschaft vom Auferstandenen selbst aufgehalten. Seine Gestalt ist nicht fassbar. Die Frauen können ihn nicht durch Umarmung seiner Füße halten; er ist gewissermaßen schon unterwegs in „alle Welt". Sie können ihn aber anbeten, so wie die Jesusgeschichte auch mit der Anbetung der Weisen aus dem Osten beginnt.
Auch Jesus selbst verstärkt den ermutigenden Gruß des Engels – er wiederholt noch einmal:
– „Seid gegrüßt!" – sein *Friedensgruß*.
– „ Fürchtet euch nicht!" – sein *Trostwort*; vgl. 14,27.
– „Geht hin und verkündet es!" – sein *Sendungswort*, womit er sie nach Galiläa beordert.
Dieser Marschbefehl Jesu ist so etwas wie ein kleiner Missionsbefehl in Richtung

Gemeinde. Der große Missionsbefehl in Richtung Welt, der dann das Evangelium abschließt (Mt 28,16–20) lässt sich nicht ausführen ohne die vielen kleinen und großen Zeugen. Auch an ihnen hat Jesus, der Auferstandene, noch viel Überzeugungsarbeit nach innen zu leisten – da gibt es manche Restzweifel (28,17b). Aber im Verlauf der Sendung verschwindet immer wieder der Zweifel angesichts der Größe des Herrn, der alle Tage bis an der Welt Ende bei seiner Gemeinde ist (28,20). Sein Sendungswort steht lebendig in Raum und Zeit. Er tritt nicht ab, sondern er tritt auf, er geht voran, seine Jünger gehen mit.

Fragen und Anregungen für die Gruppengespräche

1. Die Frauen als erste Zeugen des Auferstandenen
Wie können wir ihre Bedeutung für das Auferstehungszeugnis und für ihre Gastgeberrolle bei der Bildung der ersten Hausgemeinden deutlicher herausstellen?

2. Wie würden wir das Bekenntnis des Hauptmanns beschreiben?
– Menschlich verständlich?
– Christologisch ausbaufähig?
– Ausreichend für die Überzeugungsarbeit an anderen?

3. Warum ist die Auferstehung Jesu ein Grund zur Freude?
Goethe beschreibt im „Faust" den Osterspaziergang des Volkes so:
„Ein jeder sonnt sich heute so gern,
sie feiern die Auferstehung des Herrn.
Denn sie sind selber auferstanden …"

4. „Gott rollt den Stein von unserem Tod" – Diskussion über ein Lied:[8]

Refrain
Glauben heißt wissen, es tagt!
Hell wird es, wenn man es wagt,
das alte Leben zu verlieren
und neue Schritte zu riskieren.
In Jesu Namen – Komm doch mit!

Strophe 1:
Gott rollt den Stein von unsrem Tod.
Schon sehen wir das Morgenrot.
Wer ihm gehört, sieht, dass es tagt,
ein neues Leben wird gewagt.
Ein neues Leben wird gewagt.

8   Glauben heißt wissen, Text & Melodie: Wolfgang Vorländer, © 1994 SCM Hänssler, 71087 Holzgerlingen. Zum Fundort siehe oben S. 40, Anm. 7.

Strophe 2:
Gott schenkt uns weiten Horizont
durch seinen Geist, der in uns wohnt.
Komm doch heraus aus dem Versteck
Und nimm dein Leben Gott nicht weg!
Und nimm dein Leben Gott nicht weg!

Strophe 3:
Weil Jesus auferstanden ist,
hält keine Macht der Welt uns fest,
Ihm zu gehorchen, zu vertraun
und mit an Gottes Welt zu baun,
und mit an Gottes Welt zu baun.

Weiterführende Literatur

Drewermann, Eugen, Das Matthäusevangelium. Bilder der Erfüllung. Erster Teil: Mt 1,1 – 7,29; Zweiter Teil: Mt 8,1 – 20,19; Dritter Teil: Mt 20,20 – 28,20, Solothurn/Düsseldorf 1992/1994/1995

Frankemölle, Hubert, Das Matthäusevangelium, neu übersetzt und kommentiert, Stuttgart 2010

Klaiber, Walter, Das Matthäusevangelium, Teilband 1: Mt 1,1 – 16,20; Teilband 2: Mt 16,21 – 28,20 (Die Botschaft des Neuen Testaments), Neukirchen-Vluyn 2015

Konradt, Matthias, Das Evangelium nach Matthäus (Das Neue Testament Deutsch 1), Göttingen 2015

Limbeck, Meinrad, Matthäusevangelium (Stuttgarter Kleiner Kommentar 1), Stuttgart [2]1988, jetzt in: *Meinrad Limbeck / Paul-Gerhard Müller / Felix Porsch*, Stuttgarter Kleiner Kommentar zu den Evangelien, Stuttgart 2009

Luck, Ulrich, Das Evangelium nach Matthäus (Zürcher Bibelkommentare Neues Testament 1), Zürich 1993

Poplutz, Uta, Eine universale Jesusgeschichte. Das Matthäusevangelium aus dem Urtext übersetzt und kommentiert, Stuttgart 2011

Schnackenburg, Rudolf, Matthäusevangelium 1/I: 1,1 – 16,20; 1/II: 16,21 – 28,20 (Neue Echter Bibel), Würzburg [4]2008

Schniewind, Julius, Das Evangelium nach Matthäus (Das Neue Testament Deutsch 2), Göttingen [13]1984

Schweizer, Eduard, Das Evangelium nach Matthäus (Das Neue Testament Deutsch 2), Göttingen [4]1986